Himnos litúrgicos

COLECCIÓN

ESPIRITUALIDAD

53

José Luis Blanco Vega, SJ

Agustín Udías Vallina, SJ (ED.)

Himnos litúrgicos

Y otras poesías

Colegio Plurilingüe
Santa María del Mar
Jesuitas - A Coruña

© Ediciones Mensajero, 2025
Grupo de Comunicación Loyola
Padre Lojendio, 2
48008 Bilbao – España
Tfno.: +34 944 470 358
info@gcloyola.com
gcloyola.com

Diseño de cubierta:
Vicente Aznar Mengual, SJ

Impreso en España. *Printed in Spain*
ISBN: 978-84-271-5044-7
Depósito legal: BI-299-2025

Fotocomposición:
Marín Creación, S. C. – Burgos / www.marincreacion.com

Impresión y encuadernación:
Masquelibros, S. L. – Jaén / masquelibrosdigital.com

Índice

Prólogo 9
    Agustín Udías Vallina, SJ

José Luis Blanco Vega, el poeta de los himnos 13
    Modesto Vázquez Gundín, SJ

Himnos en orden alfabético

¡Alegría!, ¡Alegría!, ¡Alegría! 31

Alfarero del hombre, mano trabajadora 33

Al filo de los gallos 35

Autor del cielo y el suelo 37

Ayer, en leve centella 39

Camino del sepulcro, preguntábamos 40

Crece la luz bajo tu hermosa mano 42

Cristo, alegría del mundo 44

Cristo, cabeza, rey de los pastores 46

Dejad que el grano se muera 48

Desde que mi voluntad 49

Dichosa tú, que, entre todas 51

¡El mundo brilla de alegría! 53

El pueblo que fue cautivo 55

En el nombre del Padre, del Hijo y del Espíritu .. 57

Eres la luz y siembras claridades 59

Esta mujer no quiso 61

Este es el día el Señor 63

Este es el tiempo en que llegas 65

Estos que van vestidos 67

Fuerza tenaz, firmeza de las cosas 69

Gracias, porque al fin del día 70

Guardadnos en la fe y en la unidad 71

Hora de la tarde 73

La mujer fuerte 75

La noche, el caos, el terror 77

La noche no interrumpe 79

Libra mis ojos de la muerte 81

Luz que te entregas 83

María, pureza en vuelo 85

¡Nacidos de la luz! ¡Hijos del día! 86

No rechazaremos 87

Nos dijeron de noche 89

«No; yo no dejo la tierra» 91

Ofrezcan los cristianos 93

¡Oh cruz fiel, árbol único en nobleza! (A) 95

¡Oh cruz fiel, árbol único en nobleza! (B) 97

Omnipotente, altísimo, bondadoso Señor 99

Porque fue varón justo (A) 101

Porque fue varón justo (B) 103

Quédate con nosotros 105

Que la lengua humana 107

¿Qué ves en la noche? 110

Quien entrega su vida por amor 112

¿Quién es este que viene? 113

Se cubrieron de luto los montes 115

Señor de nuestras horas, Origen, Padre, Dueño ... 117

Te damos gracias, Señor 119

Te está cantando el martillo 121

Tu poder multiplica 123

Ven, Espíritu divino 125

Y dijo el Señor Dios en el principio 127

Otras poesías

Canción del emigrante asturiano 133

Las dos madres 138

San Antonio predica a los peces 140

No es ya posible arrepentir el paso 143

Todo, déjalo todo 144

¿Dónde estás, Dios de mi pelea? 145

Niño huérfano en Naín 147

Judas 148

Juan el Bautista 149

Sonetos ante la muerte de mi padre 150

Villancicos 153
    Villancico de la baraja 153
    Villancico del pino 155
    Villancico del mar y el cielo 157
    Villancico de las estrellas 160
    Belén veinte siglos lejana 161
    Navideña 163

Canciones 165
    Pepito Twist 165
    Rock de la muerte 166

Prólogo

La reforma de la liturgia después del Concilio Vaticano II implicó tanto para la celebración de la Eucaristía como para el rezo del breviario su traducción y adaptación del latín a las diversas lenguas. En España, el texto en español de la Liturgia de las Horas, como se denomina ahora, fue aprobado en 1979. En él, los antiguos himnos latinos no fueron traducidos al español, sino sustituidos por textos españoles, en general poesías de autores tanto antiguos como modernos, que aparecen sin el nombre de su autor. A los autores, a los que se les pidió su colaboración, se les puso también la condición de que los himnos aparecerían sin el nombre del autor y no recibirían por ellos derechos de autor. El número total de himnos es de 270. Entre los autores que fueron encargados de componer un mayor número de himnos están, en especial, Bernardo Velado Graña, con 45 himnos, y Francisco Malgosa Riera, con 34, pero fue José Luis Blanco Vega, con 52, el que aportó el mayor número. José Luis Blanco Vega (1928-2005), nacido en Mieres, Asturias, fue durante muchos años profesor de literatura en el colegio jesuita Santa María del Mar en A Coruña, donde tuvo una gran influencia entre los alumnos, así como con un gran número de personas con las que se relacionó y en las que dejó una gran huella.

Los 52 himnos de Blanco Vega se presentan aquí en orden alfabético de la primera palabra de su primera línea. De estos, 28 ya habían sido publicados en la obra *Y tengo amor a lo visible* (Sal Terrae, Santander 1997). Los 24 restantes se publican ahora por primera vez con el nombre de su autor. Cada himno va acompañado por una corta nota que hace referencia al lugar y tema en el que aparecen en la Liturgia de las Horas y a su contenido. De esta forma se da ahora la referencia de dónde está cada himno en el libro de las Horas, que faltaba en los 28 que aparecían en la publicación anterior. Algunos himnos aparecen en varios lugares y así queda reseñado. Los temas que cubren los himnos son muy variados, unos son para los diversos momentos del Ordinario de la liturgia (oficio de lectura, laudes, hora intermedia, vísperas), otros para momentos especiales de la liturgia o para diversos tipos de celebraciones de los santos (apóstoles, mártires, pastores, vírgenes, varones, mujeres) o para algunos santos concretos o fiestas especiales.

El tipo de verso empleado es también muy variado; hay, por ejemplo, estrofas de seis u ocho versos polimétricos con rimas consonantes, estrofas polimétricas irregulares, versos de catorce y once sílabas, seguidillas compuestas, décimas, cuartetas, tercetos, redondillas y espinelas. Dependiendo de los temas, los himnos tienen distinta extensión, unos con menos de diez versos y otros con más de treinta. Esta variedad de versificación está indicando la calidad y versatilidad poética del autor con su dominio del lenguaje y las formas.

El estudio introductorio de Modesto Vázquez Gundín, amigo y compañero de Blanco Vega durante muchos años, nos abre a la figura del poeta, sacerdote jesuita y profesor de literatura con referencias a la composición de los himnos y otras poesías, así como recuerdos y retazos de su vida.

Para completar, añadimos un capítulo con otras poesías no publicadas hasta ahora de diversos tipos —once poemas, seis villancicos y dos canciones— y diversos temas, tanto de carácter religioso como secular, que sirven para completar la visión de Blanco Vega como poeta. Estas poesías, de alguna manera, iluminan los mismos himnos, al permitir verlos en el contexto del resto de su obra.

Agustín Udías Vallina, SJ

José Luis Blanco Vega, el poeta de los himnos

Modesto Vázquez Gundín, SJ

Agosto. Madrid. El termómetro sobrepasa ligeramente los 40 grados.

Un hombre de unos 40 años trabaja en la biblioteca de los jesuitas en la calle de la Moncloa; las gotas de sudor caen de la frente a la mesa de trabajo.

Está elaborando himnos litúrgicos que le ha encomendado la Conferencia Episcopal Española a través de monseñor Vicente Enrique y Tarancón, a la sazón delegado de Liturgia. Se trata de dar palabra nueva, actual, a la oración oficial de la Iglesia.

¿Quién es ese hombre? José Luis Blanco Vega. De él esta semblanza.

Mi casa

Era de los recuerdos marcados en su memoria, que aparecerá de manera extraña cuando esté bajo los efectos de la morfina, días antes de su muerte, como recordaré más adelante.

Había nacido en Mieres (Asturias) el 28 de julio de 1928, fiesta de Santa María Magdalena. Fueron cuatro hermanos, tres varones y una mujer (por cierto, que aun siendo de Mieres, fue elegida un año Reina de las Fiestas de San Mateo de Oviedo).

Del cariño y devoción a su madre viuda da testimonio *Las dos madres*, poema custodiado por él a lo largo de años y que se incluye aquí.

En plena guerra civil, Mieres fue bombardeada por la aviación «nacional»; una bomba les destruyó la casa; «nos salvamos refugiados en el sótano; solo recuperamos un colchón».

Se fueron a vivir con parientes en un pueblecito (creo que Cabañaquinta) para regresar recuperado ya el edificio.

Aquella aventura marcó su sensibilidad para siempre ante el dolor ajeno.

Con 16 años lo encontramos en Comillas (Cantabria) en la Universidad Pontificia cursando los estudios propios de un seminario; al sexto año tendría como profesor al P. Alonso Schökel, gran estudioso de la poesía española; pronto descubrió las extraordinarias facultades literarias de José Luis, como dejó reflejado en el prólogo al libro *Y tengo amor a lo visible* (Sal Terrae, Santander 1997).

Recojo un párrafo del prólogo:

«No pretendo catalogar la poesía de Blanco Vega. Es clásica y es moderna; es versátil y segura. No solo ha leído muchísima poesía de todas las edades, sino que es un formidable lector y tiene gran capacidad de asimilar, además de ser creador».

Del pequeño grupo dirigido por Schökel salieron importantes figuras literarias y, en el cine, por ejemplo, Basilio Martín Patino, al que aludiré más adelante.

Salamanca

1950.
En Comillas descubre la vocación a hacerse jesuita. Va al noviciado, donde el padre maestro le encargaría el sermón del día de san Estanislao, patrono de los novicios; predica el sermón, según costumbre, en el comedor, el año 1952. De aquel sermón primerizo me queda su contemplación ante el féretro del santo, deteniéndose literaria y devotamente en los pies del jovencito polaco que, con 16 años, había salido a escondidas del colegio de jesuitas de Viena rumbo a Alemania y de Alemania a Roma para ser recibido en la Compañía de Jesús.

En Salamanca, noviciado y juniorado le ofrecieron años de profundización espiritual, de crecimiento y hondura a su sensibilidad poética.

De aquellos años son su poema *Canción del emigrante asturiano* (incluido aquí) y el inicio de la elegía a la muerte de su padre, inspirada en parte en el dilema de desear su vuelta a la vida y el doloroso trance que supondría una segunda muerte, tal como sentía el caso de Lázaro, resucitado por Jesús en Betania.

En un acto público organizado por una sociedad civil, debió redactar y declamar, por encargo, un poema a la liberación de Gibraltar, tema recurrente en el franquismo: recuerdo el inicio de su declamación,

«Silencio», «Invasor», la denuncia de un país hollado por botas ensangrentadas. Como hizo tantas veces con otros, acabó mandando el poema a la papelera.

El acto tuvo lugar en el salón de la casa noviciado; no era extraño; en la Compañía de Jesús no teníamos en aquel momento conciencia de lo que representaba la dictadura.

Franco había acudido en 1932 a ofrecer sus servicios a los jesuitas de Oviedo, ante el decreto de Azaña por el que eran expulsados de España; debían salir en diez días perdiendo todos sus bienes.

En 1938, decretó la nulidad de aquel decreto, abrió el paso al regreso de los jesuitas y a la recuperación de sus bienes.

Comillas

De nuevo, Comillas, ahora como jesuita estudiante de filosofía escolástica, tan seca y ajena a su sensibilidad poética. Lo recuerdo paseando fuera de casa, machacando tesis que traducía a poemas, cantados con música de canciones de época.

Salió triunfante de todos los exámenes.

Carrión de los Condes

Terminados los tres años de Filosofía es destinado a Carrión de los Condes (Palencia), donde los jesuitas tenían un colegio apostólico o seminario para posibles futuros jesuitas. *La Hoja*, que a modo de revista colegial publicaban periódicamente, recogió artículos suyos, tanto estrictamente literarios como humorísticos, en línea con autores de *La Codorniz*, como Tono, los Mihura, Jardiel Poncela...

Granada

Destinado a estudiar teología en Granada, su vida adquiere matices que lo marcarán definitivamente.

La teología renovadora del Concilio Vaticano II diseñará la espiritualidad de sus himnos litúrgicos.

Tuvo ocasión en Granada de exponer en la SER, algunos domingos, su comentario de la misa (la mejor voz de la cadena, oyó que comentaban); tuvo el don de una voz «que enamoraba» (se me dijo más de una vez en Coruña); temió perderla por la operación de amígdalas; pero la salvó con enorme alegría para él.

Disfrutaba y hacía disfrutar a los que le oíamos recitar.

Granada le ofreció poder atender a jóvenes de un correccional. No tardó en captar su amistad por su simpatía y creatividad. Atenderlos e instruirlos le inspiró aprender a tocar la guitarra para cantarles canciones que él mismo componía, unas por diversión, otras con «mensaje». Ahí descubrió su nueva vocación, de cantautor, con esta salvedad: exclusivamente para círculos íntimos, familiares; decisión muy ponderada.

Cantautor

Esta faceta merece su capítulo.

Coincidimos en Salamanca; él, en tercera probación, y yo, profesor de jóvenes jesuitas.

Recién llegado de Granada, le apetecía conservar canciones que había compuesto allá, más otras de nueva creación.

Dimos con un magnetófono traído de Italia y nos pusimos a grabar; las sesiones suponían un esfuerzo enorme; calentaba la voz cantando sobre todo canciones de los festivales de San Remo; animado, iniciábamos la grabación; dura labor: ¡Corta! ¡No me gusta! ¡Venga, otra vez!, hasta que quedaba satisfecho. Las canciones, unas 12, alternaban con poemas que le encantaba intercalar.

Títulos ampliados de algunas canciones: *Todo; déjalo todo*; *San Antonio predica a los peces*; *Déjame, Señor, poner sobre tus huellas mis pies*; *Villancico de las cinco vocales*; *Villancico de las estrellas*; *Las preguntas de don Diego*.

Todo este bagaje de experiencias iba a servirle muy directamente para componer los himnos litúrgicos.

Himnos. Nota confidencial

Así titula un amplio artículo sobre el proceso que lo llevó a recibir el encargo de componer los himnos.

«Confidencial», porque no quería sacar a relucir casos ni situaciones vividas en el congreso organizado por monseñor Enrique y Tarancón para promover los nuevos himnos litúrgicos; pero a algunos íntimos nos lo pasó en un cuasi libro que él mismo escribió a máquina y montó con poemas muy diversos y con los himnos que pasaron a los libros litúrgicos más tarde. Tesoro que guardo con la mayor estima.

Unas citas de la «Nota confidencial»:

«Semana Santa de 1970. El Secretariado Nacional de Liturgia, bajo la dirección de José María Martín Patino, convoca a los poetas españoles (*sic*) a unas jornadas de convivencia y estudio en el Hostal Benedictino de Alba de Tormes. Finalidad: ver el modo de enrolar a las más altas plumas de la lírica nacional en la tarea de adaptación y renovación del himnario latino tradicional. La convocatoria se realizó bajo el asesoramiento de José Luis Martín Descalzo (ausente, por cierto, en la semana), y ello dio como resultado una lista de posibles fichajes que automáticamente suponía la exclusión de otra serie de firmas honorables.

Es cierto que, salvo raras excepciones (dos en concreto) la selección tuvo en cuenta la vena religiosa en la poesía de los autores. Se impuso, pues, un criterio de fiabilidad en el sentido más conservador de la palabra.

Sin embargo, como se podría demostrar a posteriori y como diré más adelante, la manera de entender lo religioso por parte de los poetas, muy ortodoxa ella (¡Dios nos libre!), muy afincada en la subjetividad y tradicionalismo personal, constituyó, a las primeras de cambio, uno de los obstáculos graves para cualquier intento de operación renovadora y, en cierto modo, colectiva.

Las dificultades aún subieron de punto, cuando los profesores Luis Alonso Schökel y Juan Mateos, llegados el uno del Instituto Bíblico y el otro del Instituto Oriental de Roma, propusieron las bases escriturístico-litúrgicas en que debería inspirarse la nueva himnodia.

Los puntos a tener en cuenta eran los siguientes:

- Se trataba de crear una poesía objetiva; es decir, una poesía en la cual el poeta atiende no tanto a sus sentimientos personales como al sentir común de la Iglesia en cuanto a un determinado misterio del ciclo litúrgico.

  Ello traerá como consecuencia inmediata una cierta austeridad formal, que limitará en gran parte, el campo personal de las posibilidades literarias, puesto que el poeta habrá de buscar más bien un lenguaje directo, de resonancia eclesial, en el que los aspectos formales solo importan en cuanto propiciadores (no en cuanto subjetivizadores) del contenido religioso del himno.

- Por otra parte, las posibilidades estilísticas habrían de quedar fuertemente condicionadas por otras exigencias de tipo «funcional»: teniendo en cuenta que estos himnos van a ser cantados por la comunidad, el poeta no ha de perder de vista la musicalización de los textos; esto le obligará a prestar particular atención a los acentos rítmicos, a la rigurosa simetría de las estrofas, a evitar encabalgamientos de versos que puedan destruir la regularidad estrófica.

Todos estos elementos, tan escasamente poéticos, han de funcionar como auténticos factores de distanciamiento entre lo que el poeta quiere decir y lo que de hecho puede en este caso decir.

Lo que se les estaba proponiendo equivalía en cierto modo a una invitación a abandonar el mundo poético particular y a ofrecer su palabra –su verbo poético– como un servicio de mediación.

• Se les estaba pidiendo que abandonaran sus temas personales, para cantar los de la Iglesia y al estilo de la Iglesia.

Además, el apresurado cursillo de *aggiornanento* teológico a que se les sometió con el fin de sentar las bases para un nuevo lenguaje de la expresión de la fe (de la expresión poética, desde luego) chocaron de inmediato con las costumbres de lenguaje y estructuras de creencia de gran parte de los asistentes.

Recuerdo el sordo escándalo que suscitó la exposición de Alonso Schökel en la que se nos hablaba del sinsentido de la frase «salvar mi alma», del modo consiguiente de concebir la resurrección de la carne, del piadoso error que subyace a la invocación del Cristo eucarístico como «el divino prisionero», de la clara sintonía existente entre la denuncia profética (Isaías,

Oseas, Jeremías…) y ciertas contestaciones de las comunidades de hoy.

- A todo eso, hay que añadir que el trabajo debía ser gratuito y la publicación bajo total anonimato.

"Aquello era demasiado pastel para ser digerido en poco tiempo". *(A mí mismo me sorprende que Schökel rechazara lo místico-poético de "el divino prisionero").*
Las condiciones habían despertado preguntas entre los invitados:

¿Quién será el encargado de dar el sí o el no a nuestra colaboración? ¿Un tribunal de teólogos o un tribunal de poetas?

Cuando el primer cuadernillo ciclostilado de nuevos himnos litúrgicos, por supuesto sin firma, se envió a sus domicilios, la sorpresa fue mayúscula: ¿pero es posible que alguien, que tal vez algunos, hubieran aceptado meterse en tal aventura?».

A propósito del anonimato puedo recordar la indignación de Blanco Vega cuando vio publicados algunos de sus himnos fuera de los libros litúrgicos y firmados con su nombre; la indignación provenía por la falta grave al compromiso de anonimato con que los había entregado.

Los himnos litúrgicos

Es momento de recordar el párrafo del comienzo:

Agosto. Madrid. El termómetro sobrepasa ligeramente los 40 grados. Un hombre como de unos 40 años trabaja en la biblioteca de los jesuitas en la calle Moncloa, elaborando los himnos que le ha encomendado la Conferencia Episcopal.

Para cada himno precisa amplias lecturas sobre el sentido de cada hora del breviario, y el contenido de los himnos tradicionales y su espiritualidad; su propia experiencia y devoción; lo que al meditar se le ha sugerido como orientación del nuevo himno, sin que falten resonancias paulinas y de Teilhard de Chardin ni sentimientos que deben ser de valor universal para la Iglesia castellano-hablante: ¿qué descubrimos?

Entresacando de entre los múltiples himnos y teniendo en cuenta la variedad de santos, días feriales, celebraciones y horas canónicas, doy este apunte excesivamente selectivo.

Maitines. *Salimos de la noche y estrenamos la aurora*; para los apóstoles: *Guardadnos en la fe y la unidad*.

Tercia. *Te está cantando el martillo…*

Nona. Se le evoca *A la muerte de Ignacio Sánchez Mejías* de Lorca que le inspira el verso repetido: «a la hora de nona».

Vísperas. *Hora de la tarde, fin de las labores* o *Quédate con nosotros, la tarde está cayendo*. Para los mártires: *Quien entrega su vida por amor, la gana para siempre, dice el Señor*. Para vírgenes: *Esta mujer no quiso tener varón ni darle su ternura*.

Cristo resucitado multiplica himnos de gran carga iluminativa: *Cristo, alegría del mundo*; *Nos dijeron de noche que estabas muerto*; *Qué ves en la noche, dinos centinela*.

Sin olvidar la filigrana del himno a san José Obrero: *Di tú cómo se junta ser santo y carpintero...*

Completas: *Y esta bondad en tu empeño de convertir nuestro sueño en una humilde alabanza.*

Sirvan estos apuntes para comprender algo de la dificultad de crear desde uno mismo oraciones que sirvan de oración eclesial para las horas litúrgicas para infinidad de personas y culturas de habla castellana.

Conclusión

Un detalle de su genialidad: en Granada. en unas navidades, por la mañana le encargan que componga algo para una sesión familiar por la noche. Pasa la mañana dando vueltas por la ciudad; compone la breve comedia *Un wiski fuertecito*; la graba con cuatro compañeros y lo representan con la voz en *off*; doble razón para celebrarlo.

Dejó pequeñas comedias colegiales. Joaquín García de Dios, jesuita, profesor del colegio Santa María del Mar (A Coruña) como autor musical y él como letrista publican el disco *El caracol*, de canciones «colegiales». De su colaboración en educación queda el recuerdo de los cursillos para profesores que organizaba Padres y Maestros en verano para centros de la Península; dejaron impacto sus conferencias. Se gusta de su facilidad para componer con metros variados; disfrutaba, sobre todo, con la décima. Sus sonetos dejan la sensación de haber sido trabajados como a cincel como los de *Ante la muerte de mi padre*; el dedicado a Joan Miró, en el que parece pretender pasar a palabra el juego frágil del dibujo.

Me acompañó algunos veranos en mis parroquias rurales de la provincia de Lugo; daba clases de lengua y literatura a los chavales, visitaba conmigo familias; su simpatía ganaba enseguida la confianza de la gente. Lo recuerdan como a alguien entrañable.

Visitaba diariamente enfermos que se sentían animados con sus cuentos y humor originales. Fue profesor en el colegio Santa María del Mar (A Coruña) y a partir de ahí siempre vivió en A Coruña como lugar de residencia.

Venían hasta con media hora de anticipación a escoger sitio para seguir sus homilías, siempre escritas y reelaboradas.

Luis Alonso Schökel y Cipriano Díaz Marcos consiguieron publicarle el libro, *Y tengo amor a lo visible*.

Se resistía a publicar (tenía pánico a recibir críticas negativas). De hecho, cada año rompía cantidad de poemas de ese año. Nunca estaba satisfecho del todo de sí mismo.

El folleto *Canciones infantiles* se lo publicó en Coruña un compañero (José Luis Laredo) sin más detalles.

Jesús Aguirre (futuro duque de Alba) fue compañero nuestro en Comillas durante un curso de filosofía: se hicieron «relativamente amigos» y admiradores mutuos (no sin su crítica).

Él lo animó a presentar *Noticia de Lázaro* al concurso Adonais. Aceptó, convencido de que no podría competir con poetas consagrados.

Comenzó a componerlo (siendo novicio) a raíz de la muerte de su padre. Lleva algo muy suyo: el interrogante de por qué resucitar previendo una segunda muerte.

Le dolió que se rompiera el compromiso de anonimato en los himnos. Esa ruptura hizo posible el libro finalmente publicado.

No le faltó el susto de una viuda que lo llamó por teléfono mientras comíamos, denunciando que había plagiado un himno de su difunto marido.

Avanzada la enfermedad, le pregunté si seguía componiendo poemas. Me respondió que ya no tenía sentido para él componer poesía; la reza la Iglesia, ¿qué más puedo pretender?

Dejaba culminada la composición de los himnos de la Liturgia de las Horas, vocación imprevista, nunca programada, que reveló lo hondo, lo ancho, lo alto de su alma poética, de su íntima experiencia religiosa, destinada a dar palabra y canto a la Iglesia.

De lo íntimo de sus vivencias dieron testimonio frases sueltas que pronunciaba de vez en cuando bajo los efectos de la morfina en sus últimos días:

Devuélveme la gana de decir misa sea como sea.
Dios mío, qué vasto, qué amplio.
Manifesté a Dios en sus bellezas naturales.
Era por visionarlo, por visionarlo.
Franco nos tiró la casa.
En pedazos está rota la esperanza.
La poesía primitiva, todo pasa hoy.
Álvaro, estoy llegando muy alto.
Arriba está alguien que te quiere.

Murió el 25 de enero de 2005; la metástasis de un cáncer (lo sufrió durante tres años), trasladó el mal al cerebro, provocándole un tumor que, desde que se hizo patente, acabó con su vida en dos meses.

Presidí su funeral, recordando las que llamé sus *florecillas*. Me detuve especialmente en detalles de su ternura; a Miguelín, un niño con tumor cerebral, lo visitaba cada tarde en Salamanca; iba al hospital a contarle cuentos. Conservaba una foto del niño con la cabeza destrozada por el tumor.

En Coruña tenía sus enfermos, a los que visitaba cada tarde en el hospital.

Los cantos que lo acompañaron en el funeral fueron canciones suyas interpretadas por él mismo.

P.D.

Permitidme finalizar remedando su estrofa de completas:

Gracias porque cada día,
podemos agradecerte
tanta alegría de verte
cantando tu melodía,
rezar tu amor y esperanza
en nosotros, el empeño
de convertirnos tu sueño,
tu verso, en digna alabanza.

Himnos litúrgicos
en orden alfabético

(Citas tomadas de:
Liturgia de las Horas, 1979-1981)

¡Alegría!, ¡Alegría!, ¡Alegría!

¡Alegría!, ¡Alegría!, ¡Alegría!

La muerte, en huida
ya va malherida.
Los sepulcros se quedan desiertos.
Decid a los muertos:
«¡Renace la Vida,
y la muerte ya va de vencida».

Quien le lloró muerto
lo encontró en el huerto
hortelano de rosas y olivos.
Decid a los vivos:
«¡Viole jardinero
quien le viera colgar del madero!».

Las puertas selladas
hoy son derribadas.
En el cielo se canta victoria.
Gritadle a la gloria
que hoy son derribadas
por el hombre sus «muchas moradas».

Tiempo pascual, laudes, II, 459.

Este primer himno es para los laudes (oración de la mañana) del tiempo pascual y pone el énfasis en la resurrección prometida a todos y que tiene su origen en la resurrección de Jesús. Vida y muerte son puestas en contraste. Así se dice de la resurrección: «Renace la vida y la muerte ya forma va de vencida». La segunda estrofa nos recuerda la aparición del Señor resucitado a María Magdalena: «Viole jardinero quien le viera colgar del madero». La resurrección de Jesús es la garantía de nuestra propia resurrección. Termina el himno recordándonos nuestra resurrección final.

Alfarero del hombre, mano trabajadora

Alfarero del hombre, mano trabajadora
que, de los hondos limos iniciales,
convocas a los pájaros a la primera aurora
al pasto los primeros animales.

De mañana te busco, hecho de luz concreta
de espacio puro y tierra amanecida.
De mañana te encuentro, Vigor, Origen, Meta
de los sonoros ríos de la vida.

El árbol toma cuerpo y el agua melodía;
tus manos son recientes en la rosa;
se espesa la abundancia del mundo a mediodía,
y estás de corazón en cada cosa.

No hay brisa, si no alientas, ni monte si no estás dentro,
ni soledad en que no te hagas fuerte.
Todo es presencia y gracia. Vivir este encuentro:
Tú, por la luz, el hombre, por la muerte.

¡Qué se acabe el pecado! ¡Mira que es desdecirte
dejar tanta hermosura en tanta guerra!
Que el hombre no te obligue, Señor, a arrepentirte
de haberle dado un día las llaves de la tierra.

*Ordinario, hora intermedia, I, 574; II, 909; III, 571; IV,
503. Jueves II, laudes; III, 798; IV, 730.*

La llamada hora intermedia, dividida en tres, tercia, sexta y
nona, ocupa el tiempo del día entre el rezo de los laudes
y las vísperas. Es, por lo tanto, el tiempo del trabajo del día y
a ello se refiere el himno en la primera estrofa, «Alfarero del
hombre, mano trabajadora», desde la mañana a la tarde. Hay
una mirada ecológica a nuestro alrededor del hombre que ha
recibido «las llaves de la tierra», que incluye animales y ve-
getales, «convocas a los pájaros a la primera aurora, al pasto
los primeros animales» y «el árbol toma cuerpo y el agua
melodía; tus manos son recientes en la rosa». Para acabar,
«Todo es presencia y gracia».

Al filo de los gallos

Al filo de los gallos
viene la aurora;
los temores se alejan
como las sombras.

¡Dios, Padre nuestro,
en tu nombre dormimos
y amanecemos!

Como luz nos visitas,
Rey de los hombres,
como amor que vigila
siempre de noche;

cuando el que duerme
bajo el signo del sueño
prueba la muerte.

Del sueño del pecado
nos resucitas,
y es señal de tu gracia
la luz amiga.

¡Dios que nos velas!
Tú nos sacas por gracia
de las tinieblas.

Gloria al Padre, y al Hijo,
gloria al Espíritu,
al que es paz, luz y vida
al uno y trino.

Gloria a su nombre
y al misterio divino
que nos lo esconde.

Ordinario: sábado III – laudes, III, 964. Traducción de Galli cantu mediate *de Godescalco de Fulda.*

Himno para la oración de laudes, la primera de la mañana. Nos recuerda la noche de la que acabamos de despertar, «en tu nombre dormimos y amanecemos» y que es de alguna manera un símbolo de la muerte, «cuando el que duerme, bajo el signo del sueño prueba la muerte». Con el nuevo día nos abrimos a una nueva vida de luz que el mismo Dios nos trae, «¡Dios que nos velas!, Tú nos sacas por gracia de las tinieblas», de forma que con la luz del día «los temores se alejan como las sombras». Así con la nueva luz del día amanecemos y con él comenzamos nuestro trabajo.

Autor del cielo y el suelo

Autor del cielo y el suelo,
que, por dejarlas más claras,
las grandes aguas separas,
pones un límite al hielo.

Tú que das cauce al riachuelo
y alzas la nube a la altura,
tú que en cristal de frescura
sueltas las aguas del río
sobre las tierras de estío,
sanando su quemadura,
danos tu gracia, piadoso,
para que el viejo pecado
no lleve al hombre engañado
a sucumbir a su acoso.

Hazle en la fe luminoso,
alegre en la austeridad,
y hágale tu claridad
salir de sus vanidades;
dale, Verdad de verdades,
el amor a tu verdad.

Jueves III – laudes, III, 925, IV, 857; sábado III, laudes, IV, 896.

Otro himno para la oración de los laudes en la mañana nos presenta a Dios creador, empezando con el mar, «las grandes aguas separas» y los ríos, «sueltas las aguas del río sobre la tierras de estío», para elevarse después a la acción de Dios en el hombre que le empiece librando del pecado, «para que el viejo pecado no lleve al hombre engañado a sucumbir a su acoso», para finalmente abrirlo a la fe que le lleve a la contemplación de la verdad «Hazle en la fe luminoso ... y dale, Verdad de verdades, el amor a tu verdad». De esta forma nos preparamos al día que comienza y a nuestras actividades en él.

Ayer, en leve centella

Ayer, en leve centella,
te vio Moisés sobre el monte
hoy no basta el horizonte
para contener tu estrella.

Los magos preguntan, y ella
de un Dios infante responde
que en duras pajas se acuesta
y más se nos manifiesta
cuanto más hondo se esconde.

Epifanía. I, 471.

Este himno corresponde a la liturgia de Epifanía o fiesta de los Reyes Magos. Se fija en la aparición de la estrella de Belén que guía a los Magos. Empieza recordando la epifanía de Moisés en el monte, «Ayer en leve centella te vio Moisés en el monte», para compararla con la estrella de los Magos que les anuncia el nacimiento de Jesús en Belén, «los magos preguntan, y ella de un Dios infante responde». Para nosotros también la estrella nos lleva a la presencia del Dios encarnado que «más se nos manifiesta cuanto más hondo se esconde». Así la fiesta es también para nosotros una Epifanía.

Camino del sepulcro, preguntábamos

Camino del sepulcro, preguntábamos
«¿Quién moverá la piedra?».
Pero tú,
como el agua viva, manas de la piedra;
como el fuego nuevo,
brotas de la piedra;
como ciudad fuerte,
creces en la piedra.

¡Oh Cristo, piedra viva!
Tu muerte es tu fuerza.

A ti se acogen todos los que duermen;
en tu descanso habitan,
bajo tu piedra esperan.

Oficio de difuntos, hora intermedia; III, 1704; IV, 1672.

Este himno corresponde a la liturgia de difuntos y comienza situándonos ante el sepulcro de Jesús preguntándonos como las santas mujeres que allí acudieron: «¿Quién moverá la piedra?». Ante la muerte también nos hacemos la misma pregunta para comprender su misterio. Pero Jesús ha resucitado y es así la «piedra viva» y la muerte ha sido vencida. Así Jesús resucitado es «el agua viva», «la piedra viva», «el fuego nuevo», «la ciudad fuerte». Su resurrección es fuente de vida para todos, «A ti se acogen todos los que duermen», para despertar para siempre.

Crece la luz
bajo tu hermosa mano

Crece la luz bajo tu hermosa mano,
Padre celeste, y suben
los hombres matutinos al encuentro
de Cristo Primogénito.

Él hizo amanecer en tu presencia
y enalteció la aurora
cuando no estaba el hombre sobre el mundo
para poder cantarla.

Él es principio y fin del universo,
y el tiempo, en su caída,
se acoge al que es la fuerza de las cosas
y en él rejuvenece.

Él es la luz profunda, el soplo vivo
que hace posible el mundo
y anima, en nuestros labios jubilosos,
el himno que cantamos.

He aquí la nueva luz que asciende y busca
su cuerpo misterioso;
he aquí, en el ancho sol de la mañana,
el signo de su gloria.

Y tú, que nos lo entregas cada día,
revélanos al Hijo,
potencia de tu diestra y Primogénito
de toda criatura.

Lunes IV – laudes, III, 999; IV, 931.

Para la oración de los laudes en la mañana nos quiere
preparar para ese primer encuentro del día con el Señor
haciéndonos nosotros, «hombres matutinos que suben al
encuentro de Cristo Primogénito». Nos recuerda el himno
que «él es principio y fin del universo», «la luz profunda, el
soplo vivo, que hace posible el mundo». Así quiere que nos
presentemos ante él al principio del día recién amanecido,
viendo ya como símbolo de esperanza, «en el ancho sol de
la mañana, el signo de su gloria».

Cristo, alegría del mundo

Cristo, alegría del mundo
resplandor de la gloria del Padre
¡Bendita la mañana
que anuncia tu esplendor al universo!

En el día primero
tu resurrección alegraba
el corazón del Padre.
En el día primero,
vio que todas las cosas eran buenas
porque participaban de tu gloria.

La mañana celebra
tu resurrección y se alegra
con claridad de Pascua.
Se levanta la tierra
como un joven discípulo en tu busca,
sabiendo que el sepulcro está vacío.

En la clara mañana,
tu sagrada luz se difunde
como una gracia nueva.

Que nosotros vivamos
como hijos de luz y no pequemos
contra la claridad de tu presencia.

*Tiempo pascual, laudes – II, 459. Domingo III, laudes; III,
851; IV, 738.*

El himno para los laudes del domingo y para los laudes
el tiempo pascual se centra en Cristo resucitado, «alegría
del mundo y resplandor de la gloria del Padre». La resurrección de Cristo por un lado alegra el corazón del Padre
y es el centro de nuestra fe que nos hace ver que «todas las
cosas son buenas porque participan de su gloria». Ese debe
ser el centro de nuestra vida, para que nosotros «vivamos
como hijos de luz y no pequemos contra la claridad» en la
presencia de Dios, en especial en la mañana del domingo.

Cristo, cabeza,
rey de los pastores

Cristo, cabeza, rey de los pastores,
el pueblo entero, madrugando a fiesta,
canta a la gloria de tu sacerdote
himnos sagrados.

Con abundancia de sagrado crisma
la unción profunda de tu Santo Espíritu
le armó guerrero y le nombró en la Iglesia
jefe del pueblo.

Él fue pastor y forma del rebaño,
luz para el ciego, báculo del pobre,
padre común, presencia providente,
todo de todos.

Tú que coronas sus merecimientos
danos la gracia de imitar su vida
y al fin, sumisos a su magisterio,
danos su gloria.

Pastores, laudes I, 1209; II, 1730; III, 1576; IV, 1544. Traducción de Christe pastorum caput atque prínceps.

Himno para los laudes de las fiestas de santos pastores. Comienza con la invocación a «Cristo, cabeza, rey de los pastores» que ha ungido con su Espíritu al santo pastor para que sea respecto al pueblo «luz para el ciego, báculo del pobre, padre común». Pedimos poder imitar la vida de los santos, «danos la gracia de imitar su vida» y ser pastores unos de otros.

Dejad que el grano se muera

Dejad que el grano se muera
y venga el tiempo oportuno:
dará cien granos por uno
la espiga de primavera.

Mirad que es dulce la espera
cuando los signos son ciertos,
tened los ojos abiertos
y el corazón consolado:
si Cristo ha resucitado,
¡Resucitarán los muertos!

Oficio de difuntos, hora intermedia I, 1335; II, 1863; III, 1704; IV, 1672.

Himno para el rezo de la hora intermedia del oficio de difuntos. El difunto es el grano que muere para luego dar fruto: «cien granos por uno la espiga de primavera». Porque Cristo ha resucitado, también «resucitarán los muertos» y esta es la razón de nuestra esperanza ante la amarga experiencia de la muerte.

Desde que mi voluntad

Desde que mi voluntad
está a la vuestra rendida
conozco yo la medida de la mejor libertad.
Venid, Señor, y tomad
las riendas de mi albedrío;
de vuestra mano me fío
y a vuestra mano me entrego
que es poco lo que me niego
si yo soy vuestro y vos mío.

A fuerza de amor humano
me abraso en amor divino.
La santidad es camino
que va de mi hacia mi hermano.
Me di sin tender la mano
para cobrar el favor;
me di en salud y en dolor
a todos y de tal suerte,
que me ha encontrado la muerte
sin nada más que el amor.

Santos varones, oficio de lectura, I, 1256, II, 1782; III, 1622; IV, 1590.

Himno para las fiestas de los santos varones comienza con la sumisión de los santos a la voluntad de Dios, «de vuestra mano me fío y a vuestra mano me entrego». La santidad pasa siempre por el amor a los hermanos, «la santidad es camino que va de mi hacia mi hermano». Finalmente, el himno nos recuerda que todo queda contenido en el amor que es la raíz de toda santidad.

Dichosa tú, que, entre todas

Dichosa tú, que, entre todas,
fuiste por Dios sorprendida
con tu lámpara encendida
para el banquete de bodas.

Con el abrazo inocente
de un hondo pacto amoroso
vienes a unirte al Esposo
por virgen y por prudente.

Enséñanos a vivir;
ayúdenos tu oración;
danos en la tentación
la gracia de resistir.

Honor a la Trinidad
por esta limpia victoria.
Y gloria por esta gloria
que alegra la cristiandad.

Vírgenes – II vísperas, I, 1245; II, 1770; III, 1611; IV, 1579.
Traducción de Aptata, virgo, lampade.

Himno para las fiestas de santas vírgenes. Comienza con la
alusión a la parábola de las vírgenes con las «lámparas encendidas para el banquete de bodas». La imagen se refiere
a la unión de la santa virgen con Cristo, «vienes a unirte al
Esposo por virgen y por prudente». Finalmente, la virginidad consagrada es una gloria de la Iglesia: «Y gloria por
esta gloria que alegra la cristiandad».

¡El mundo brilla de alegría!

¡El mundo brilla de alegría!
¡Se renueva la faz de la tierra!
¡Gloria al Padre y al Hijo y al Espíritu Santo!

Esta es la hora
en que rompe el Espíritu
el techo de la tierra,
y una lengua de fuego innumerable
purifica, renueva, enciende alegra
las entrañas del mundo.

Esta es la Fuerza
que pone en pie la Iglesia
en medio de las plazas
y levanta testigos en el pueblo
para hablar como espadas delante de los jueces.
Llama profunda que escrutas e iluminas el corazón del
        hombre:
restablece la fe con tu noticia,
y el amor ponga en vela la esperanza
hasta que el Señor vuelva.

Ordinario, hora intermedia – I, 572; II, 906; III, 569; IV, 501. Tiempo pascual después de Ascensión, laudes, II, 817; Pentecostés – laudes II, 875; Domingo II, hora intermedia III, 728; IV, 660.

El himno es para los laudes del tiempo de Pascua y Pentecostés. El tema es la alegría de la resurrección del Señor y la venida del Espíritu Santo. El Espíritu es el que actúa en el mundo y en la Iglesia, «purifica, renueva, enciende, alegra las entrañas del mundo» y «pone en pie la Iglesia en medio de las plazas». Nos prepara a nosotros a la venida del Señor, «el amor ponga en vela la esperanza hasta que el Señor vuelva».

El pueblo que fue cautivo

El pueblo que fue cautivo
y que tu mano libera
no encuentra mayor palmera
ni abunda en mejor olivo.
Viene con aire festivo
para enramar tu victoria
y no te ha visto en su historia,
Dios de Israel, más cercano:
ni tu poder más a mano
ni más humilde tu gloria.

¡Gloria, alabanza y honor!
Gritad: «¡Hosanna!», y haceos
como lo niños hebreos
al paso del Redentor.
¡Gloria y honor
al que viene en el nombre del Señor!

Cuaresma. Domingo de Ramos, laudes, II, 351.

Himno para los laudes del tiempo de Cuaresma. Tiene como fondo la entrada de Jesús en Jerusalén el domingo de Ramos, «"¡Hosanna!", y haceos como los niños hebreos al paso del Redentor». Nosotros nos unimos a ellos, también, «con aire festivo» para experimentar al «Dios de Israel, más cercano» en la persona de Jesús.

En el nombre del Padre, del Hijo y del Espíritu

En el nombre del Padre, del Hijo y del Espíritu,
salimos de la noche y estrenamos la aurora;
saludamos el gozo de la luz que nos llega
resucitada y resucitadora.

Tu mano acerca el fuego a la tierra sombría,
y el rostro de las cosas se alegra en tu presencia;
silabeas el alba igual que una palabra;
tú pronuncias el mar como sentencia.

Regresa, desde el sueño, el hombre a su memoria,
acude a su trabajo, madruga a sus dolores;
le confías la tierra, y a la tarde la encuentras
rica de pan y amarga de sudores.

Y tú te regocijas, oh Dios, y tú prolongas
en sus pequeñas manos tus manos poderosas;
y estáis de cuerpo entero los dos así creando,
los dos así velando por las cosas.

¡Bendita la mañana que trae la noticia
de tu presencia joven, en gloria y poderío,
la serena certeza con que el día proclama
que el sepulcro de Cristo está vacío!

Domingo IV – laudes, III, 981; IV, 913.

Himno para los laudes de los domingos. Como rezo de la mañana, nosotros «salimos de la noche y estrenamos la aurora». En la mañana recién amanecida reconocemos la presencia de Dios, «el rostro de las cosas se alegra en tu presencia». Así nosotros nos preparamos para el trabajo del día, «el hombre a su memoria, acude a su trabajo, madruga a sus dolores». Y reconocemos con alegría la presencia de Dios, «¡Bendita la mañana que trae la noticia de tu presencia joven, en gloria y poderío!».

Eres la luz y siembras claridades

Eres la luz y siembras claridades;
abres los anchos cielos, que sostienen
como columna el brazo de tu Padre.

Arrebatada en rojos torbellinos,
el alba apaga estrellas lejanísimas;
la tierra se estremece de rocío.

Mientras la noche cede y se disuelve,
la estrella matinal, signo de Cristo,
levanta el nuevo día y lo establece.

Eres la luz total, día del día,
el Uno en todo, el Trino todo en Uno:
¡Gloria a tu misteriosa teofanía!

Viernes IV – laudes; III, 1072; IV, 1004. Traducción de
Deus qui caeli lumen es.

Himno para los laudes de los viernes. Nos disponemos
a rezar al principio del día, cuando, pasada la noche,

«Arrebatada en rojos torbellinos, el alba apaga estrellas lejanísimas». Reconocemos la presencia de Cristo en el nuevo día, anunciada por «la estrella matinal, signo de Cristo, levanta el nuevo día y lo establece». Y podemos también exclamar con alegría ante la presencia del Señor, «¡Gloria a tu misteriosa teofanía!».

Esta mujer no quiso

Esta mujer no quiso
tomar varón ni darle su ternura,
selló su compromiso
con otro amor que dura
sobre el amor de toda criatura.

Y tanto se apresura
a zaga de la huella del Amado
que en él se transfigura,
y el cuerpo anonadado
ya está por el amor resucitado.

Aquí la Iglesia canta
la condición futura de la historia
y el cuerpo se adelanta
en esta humilde gloria
a la consumación de su victoria.

Mirad los regocijos
de la que por estéril sollozaba
y se llenó de hijos
porque el Señor miraba
la pequeñez humilde de su esclava.

Vírgenes, oficio de lectura, I, 1233; II, 1758; III, 1599; IV, 1567.

Himno para el oficio de lectura de santas vírgenes. Comienza con la condición de las vírgenes: «Esta mujer no quiso tomar varón ni darle su ternura», para pasar a la dimensión divina de su consagración al llenarse «con otro amor que dura sobre el amor de toda criatura». La virginidad es así la vida en la tierra de lo que será en el cielo y se puede decir que el cuerpo, «ya está por el amor resucitado». La Iglesia reconoce además la fecundidad de la virginidad de la que el Señor «llenó de hijos».

Este es el día el Señor

Este es el día del Señor.
Este es el tiempo de la misericordia.

Delante de tus ojos
ya no enrojeceremos
a causa del antiguo pecado de tu pueblo.
Arrancarás de cuajo
el corazón soberbio
y harás un pueblo humilde
de corazón sincero.

En medio de las gentes
nos guardas como un resto
para cantar tus obras
y adelantar tu reino.
Seremos raza nueva
para los cielos nuevos;
sacerdotal estirpe,
según tu primogénito.

Caerán los opresores
y exultarán los siervos;

los hijos del oprobio
serán tus herederos.
Señalarás entonces
el día del regreso
para los que comían
su pan en el destierro.

¡Exulten mis entrañas!
¡Alégrese mi pueblo!
Porque el Señor que es justo
revoca sus decretos:
La salvación se anuncia
donde acechó el infierno,
porque el Señor habita
en medio de su pueblo.

Cuaresma hasta sábado V, II, 37; jueves III, vísperas – III, 935; IV, 867.

Himno para las vísperas del tiempo de Cuaresma. La Cuaresma es un tiempo para reconocer nuestra condición de pecadores y que «este es el tiempo de la misericordia». Con esta actitud humilde nos sentimos renovados de forma que «seremos raza nueva para los cielos nuevos». Podemos así llenarnos de alegría a pesar de nuestra pobreza y exclamar nosotros «¡Exulten mis entrañas! ¡Alégrese mi pueblo!», porque ya ahora «el Señor habita en medio de su pueblo».

Este es el tiempo
en que llegas

Este es el tiempo en que llegas,
Esposo, tan de repente,
que invitas a los que velan
y olvidas a los que duermen.

Salen cantando a tu encuentro
doncellas con ramos verdes
y lámparas que guardaron
copioso y claro el aceite.

¡Cómo golpean las necias
las puertas de tu banquete!
¡Y cómo lloran a oscuras
los ojos que no han de verte!

Mira que estamos alerta,
Esposo, por si vinieres,
y está el corazón velando,
mientras los ojos se duermen.

Danos un puesto a tu mesa,
Amor que a la noche vienes,
antes que la noche acabe
y que la puerta se cierre.

Ordinario jueves I – vísperas, III, 677; IV, 609. Traducción de Ipsum nunc nobis tempus est.

Himno para las vísperas del tiempo ordinario. Se basa en la parábola de las doncellas que esperan la llegada del esposo, «salen cantando a tu encuentro, doncellas con ramos verdes». A imitación de las doncellas esperamos nosotros la venida de Cristo, para sentarnos a su mesa, «danos un puesto a tu mesa, Amor que a la noche vienes».

Estos que van vestidos

Estos que van vestidos
de blancas vestiduras
¿quiénes son, y de dónde han venido?

Todos estos que ciñen llameantes laureles
han venido del fondo de la tribulación.
Todos estos lavaron sus vestidos de boda
en los ríos de sangre del Cordero de Dios.

Estos que van vestidos
de blancas vestiduras
¿quiénes son, y de dónde han venido?

Son las gentes con hambre que jamás tendrán hambre;
los sedientos que nunca sentirá ya la sed.
Los abreva el Cordero con agua de vida;
los asume en su muerte; resucitan con él.

Estos que van vestidos
de blancas vestiduras
¿quiénes son, y de dónde han venido?

Han venido del llanto para ser consolados;
han salido del fuego y han buscado el frescor.
El Señor les enjuga con sus manos las lágrimas,
con sus manos les guarda contra el fuego del sol.

Varios mártires – laudes I, 1158; II, 1666; III, 1525; IV, 1494.

Himno para los laudes de las fiestas de santos mártires. Tomando el texto del Apocalipsis sobre los mártires que han dado la vida por Cristo. Ellos dieron su vida con su martirio y «lavaron sus vestidos de boda en los ríos de sangre del Cordero de Dios». Ahora triunfan en el cielo junto con Cristo, «el Señor les enjuga con sus manos las lágrimas, con sus manos les guarda contra el fuego del sol».

Fuerza tenaz, firmeza de las cosas

Fuerza tenaz, firmeza de las cosas
inmóvil en ti mismo;
origen de la luz, eje del mundo
y norma de su giro:

Concédenos tu luz en una tarde
sin muerte ni castigo,
la luz que se prolonga tras la muerte
y dura por los siglos.

Ordinario hora intermedia – I, 576; II, 911; III, 573; IV, 505; jueves II, hora intermedia, III, 803; IV, 735; jueves IV, hora intermedia, III, 1060; IV, 992. Traducción de Rerum, Deus, tenax vigor.

Himno para el rezo de la hora intermedia. Se dirige a Dios creador, «origen de la luz, eje del mundo». Le pedimos la luz para llevar adelante nuestra vida, «la luz que se prolonga tras la muerte y dura por los siglos».

Gracias, porque al fin del día

Gracias, porque al fin del día
podemos agradecerte
los méritos de tu muerte
y el pan de la eucaristía,
la plenitud de alegría
de haber vivido tu alianza,
la fe, el amor, la esperanza
y esta bondad de tu empeño
de convertir nuestro sueño
en una humilde alabanza.

Ordinario completas, I, 585; II, 921. Completas domingo,
III, 1102; IV, 1034.

Himno para el rezo de completas, al final del día. Con él,
damos gracias a Dios por los dones recibidos durante el día
que ha pasado, en especial, «los méritos de tu muerte y el
pan de la eucaristía». También por haber recibido en este
día, «la plenitud de alegría de haber vivido tu alianza».

Guardadnos en la fe y en la unidad

¡Guardadnos en la fe y en la unidad,
vosotros, que ya estáis desde el principio
en comunión con Cristo y con el Padre!

¿A quién acudiremos
cuando la fe va herida
sino a vosotros, testigos vigilantes,
que anunciáis con palabra poderosas
lo que era en el principio
lo que vieron de cerca vuestros ojos
y lo que vuestras manos
tocaron y palparon del Verbo de la vida?

¡Guardadnos en la fe y en la unidad,
vosotros, que ya estáis desde el principio
en comunión con Cristo y con el Padre!

¿En quién descansaremos
la duda y la esperanza
sino en vosotros, cimientos de la Iglesia,
que habéis visto al Señor resucitado
y oísteis al Espíritu

revelar por el fuego y la palabra
el misterio de Cristo
que estaba oculto en Dios desde los siglos?

¡Guardadnos en la fe y en la unidad,
vosotros, que ya estáis desde el principio
en comunión con Cristo y con el Padre!

*Apóstoles, oficio de lectura, I, 1132; II, 1635; III, 1499;
IV, 1467.*

Himno para el oficio de lectura de las fiestas de los apóstoles. Los apóstoles son los testigos directos de la presencia y palabra de Jesús, y nos comunicaron: «lo que vieron de cerca vuestros ojos y lo que vuestras manos tocaron y palparon del Verbo de la vida». De esta forma ellos nos han revelado «el misterio de Cristo que estaba oculto en Dios desde los siglos», en el que se apoya nuestra fe.

Hora de la tarde

Hora de la tarde
fin de las labores
amo de la viña
paga los trabajos de tus viñadores.

Al romper el día
nos apalabraste.
cuidamos tu viña
del alba a la tarde.
Ahora que nos pagas,
nos lo das de balde
que a jornal de gloria
no hay trabajo grande.

Das al vespertino
lo que al mañanero.
son tuyas las horas
y tuyo el viñedo.
a lo que sembramos
dale crecimiento.
Tú que eres la viña,
Cuida los sarmientos.

Lunes I – vísperas, IV, 556. Traducción de Horis peractis undecim.

Himno para el rezo de las vísperas, la oración de la tarde. Al terminar nuestro trabajo del día, lo vemos como trabajo en la viña del Señor: «Al romper el día nos apalabraste, cuidamos tu viña del alba a la tarde». Sea cual sea, no es nuestro trabajo, sino el del Señor, «son tuyas las horas y tuyo el viñedo» y de él depende el fruto...

La mujer fuerte

La mujer fuerte
puso en Dios su esperanza
Dios la sostiene.

Hizo del templo su casa;
mantuvo ardiendo la lámpara.

En la mesa de los hijos
hizo a los pobres un sitio.

Guardó memoria a sus muertos;
gastó en los vivos su tiempo.

Sirvió, consoló, dio fuerzas
guardó para sí sus penas.

Vistió el dolor de plegaria;
la soledad de esperanza.

Y Dios la cubrió de gloria
como de un velo de bodas.

La mujer fuerte
puso en Dios su esperanza
Dios la sostiene.

Santas mujeres – oficio de lectura, I, 1282; II, 1810; III, 1648; IV, 1616.

Himno para el oficio de lectura en las fiestas de santas mujeres. En su vida la mujer santa «puso en Dios su esperanza». Por eso, toda su vida fue en función de los demás a los que «sirvió, consoló, dio fuerzas» y por eso «Dios la cubrió de gloria como de un velo de bodas».

La noche, el caos, el terror

La noche, el caos, el terror,
cuanto a las sombras pertenece
siente que el alba de oro crece
y anda ya próximo el Señor.

El sol, con lanza luminosas,
rompe la noche y abre el día;
bajo su alegre travesía,
vuelve el color a cada cosa.

El hombre estrena claridad
de corazón, cada mañana;
se hace la gracia más cercana
y es más sencilla la verdad.

¡Puro milagro de la aurora!
Tiempo de gozo y eficacia:
Dios con el hombre, todo gracia
bajo la luz madrugadora.

¡Oh la conciencia sin malicia!
¡La carne, al fin, gloriosa y fuerte!

Cristo de pie sobre la muerte,
y el sol gritando la noticia.

Guárdanos tú, Señor del alba,
puros, austeros, entregados;
hijos de luz resucitados
en la Palabra que nos salva.

Nuestros sentidos, nuestra vida,
cuanto oscurece la conciencia
vuelve a ser pura transparencia
bajo la luz recién nacida.

*Ordinario, viernes III – laudes, III, 944; IV, 876. Traducción
de* Nox et tenebrae et nubila, *de Aurelio Prudencio.*

Himno para la oración de la mañana de los laudes de los
viernes. Pasada la noche nos enfrentamos por la mañana
con un nuevo día: «El sol, con lanza luminosas, rompe la
noche y abre el día, bajo su alegre travesía». Lo experimen-
tamos como un don de Dios, «Dios con el hombre, todo
gracia, bajo la luz madrugadora». En él nos disponemos
al trabajo del día que Dios nos ha encomendado y lo hacemos: «puros, austeros, entregados, hijos de luz resucitados
en la Palabra que nos salva».

La noche no interrumpe

La noche no interrumpe
tu historia con el hombre;
la noche es tiempo
de salvación.

De noche descendía tu escala misteriosa
hasta la misma piedra donde Jacob dormía.

La noche es tiempo
de salvación.

De noche celebrabas la Pascua con tu pueblo,
mientras en las tinieblas volaba el exterminio.

La noche es tiempo
de salvación.

Abrahán contaba tribus de estrella cada noche;
de noche prolongabas la voz de la promesa.

La noche es tiempo
de salvación.

De noche, por tres veces, oyó Samuel su nombre;
de noche eran los sueños tu lengua más profunda.

La noche es tiempo
de salvación.

De noche, en un pesebre, nacía tu Palabra;
de noche lo anunciaron el ángel y la estrella.

La noche es tiempo
de salvación.

La noche fue testigo de Cristo en un sepulcro;
la noche vio la gloria de su resurrección.

La noche es tiempo
de salvación.

De noche esperaremos tu vuelta repentina,
y encontrarás a punto la luz de nuestra lámpara.

La noche es tiempo
de salvación.

Ordinario, martes II – vísperas, III, 770; IV, 702.

Himno para el rezo de las vísperas, la oración de la tarde.
Ante la proximidad de la noche reconocemos que, a pesar
de las apariencias, «la noche es tiempo de salvación». La
noche ha sido el momento de sucesos de la historia de la
salvación desde la del sueño de Jacob hasta la de la resurrección del Señor. Nosotros esperamos vigilantes su venida teniendo «a punto la luz de nuestra lámpara».

Libra mis ojos de la muerte

Libra mis ojos de la muerte;
dales la luz que es su destino.
Yo, como el ciego del camino
pido un milagro para verte.

Haz de esta piedra de mis manos
una herramienta constructiva;
cura su fiebre posesiva
y ábrela al bien de mis hermanos.

Que yo comprenda, Señor mío,
al que se queja y retrocede;
que el corazón no se me quede
desentendidamente frío.

Guarda mi fe del enemigo
(¡tantos me dicen que estás muerto!).
Tú que conoces el desierto,
dame tu mano y ven conmigo.

Cuaresma hasta semana V, vísperas, II, 34. Ordinario, martes I, vísperas III, 642; IV, 574. Inspirado en Ouvre mes yeux *de M. Scouarnec.*

Himno para las vísperas del tiempo de Cuaresma. Empezamos reconociendo nuestra incapacidad para toda obra buena y de esa manera necesitando «como el ciego del camino un milagro para verte». De cara a los demás, también, el que reza pide, «que el corazón no se me quede desentendidamente frío». Para ello, por lo tanto, tiene que pedir «dame tu mano y ven conmigo».

Luz que te entregas

¡Luz que te entregas!
¡Luz que te niegas!
A tu busca va el pueblo de noche
alumbra su senda.

Dios de la luz, presencia ardiente
sin meridiano ni frontera:
vuelves la noche mediodía,
ciegas al sol con tu derecha.

Como columna de la aurora,
iba en la noche tu grandeza;
te vio el desierto, y destellaron
luz de tu gloria las arenas.

Cerró la noche sobre Egipto
como cilicio de tinieblas;
para tu pueblo amanecías
bajo los techos de las tiendas.

Eres la luz, pero en tu rayo
lanzas el día o la tiniebla:

ciegas los ojos del soberbio,
curas al pobre su ceguera.

Cristo Jesús, tú que trajiste
fuego a la entraña de la tierra,
guarda encendida nuestra lámpara
hasta la aurora de tu vuelta.

Ordinario, domingo II, I vísperas, III, 714; IV, 646.

Himno, para las vísperas del domingo. El tema es la luz que
viene de Dios y que lo abarca todo y que es Dios mismo,
«Dios de la luz, presencia ardiente sin meridiano ni frontera». Esa luz tiene consecuencias para nosotros, «ciegas los
ojos del soberbio, curas al pobre su ceguera». A Cristo que
es la luz verdadera le pedimos finalmente, «guarda encendida nuestra lámpara hasta la aurora de tu vuelta».

María, pureza en vuelo

María, pureza en vuelo,
Virgen de vírgenes, danos
la gracia de ser humanos
sin olvidarnos del cielo.

Enséñanos a vivir;
ayúdenos tu oración;
danos en la tentación
la gracia de resistir.

Honor a la Trinidad
por esta limpia victoria.
Y gloria por esta gloria
que alegra la cristiandad.

Santa María Virgen, oficio de lectura, I, 1109; II, 1608; III, 1460; IV, 1428.

Himno para el oficio de lectura de las fiestas de la Virgen María. Comienza pidiendo a María, «la gracia de ser humanos, sin olvidarnos del cielo» de lo que estamos tan necesitados. Reconociendo las dificultades de la vida le pedimos también a María «danos en la tentación la gracia de resistir».

¡Nacidos de la luz! ¡Hijos del día!

¡Nacidos de la luz! ¡Hijos del día!
Vamos hacia el Señor de la mañana;
su claridad disipa nuestras sombras
y llena el corazón de regocijo.

Que nuestro Dios, el Padre de la gloria,
limpie la oscuridad de nuestros ojos
y nos revele, al fin, cuál es la herencia
que nos legó en el Hijo Primogénito.

¡Honor y gloria a Dios, Padre celeste,
por medio de su Hijo Jesucristo
y el don de toda luz, el Santo Espíritu,
que vive por los siglos de los siglos!

Jueves IV – laudes, III, 1055; IV, 987. Inspirado en Enfants du jour, enfants de la lumière.

Himno para los laudes de los jueves. Como rezo de la mañana nos situamos ante Dios, pasada la oscuridad de la noche que «su claridad disipa nuestras sombras y llena el corazón de regocijo». Le pedimos que «limpie la oscuridad de nuestros ojos» y nos abra a la luz de Dios.

No rechazaremos

No rechazaremos
la piedra angular.
Sobre el cimiento de tu cuerpo
levantaremos la ciudad.

Una ciudad para todos.
Un gran techo común.
Una mesa redonda como el mundo.
Un pan de multitud.
Un lenguaje de corazón abierto.
Una esperanza: «Ven, Señor Jesús».

Suben las tribus del mundo,
suben a la ciudad.
Los que hablaban en lenguas diferentes
proclaman la unidad.
Nadie grita: «¿Quién eres?», o: «¿De dónde?».
Todos se llaman hijos de la paz.

Dedicación de una iglesia, oficio de lectura, I, 1086; II, 1581; III, 1435; IV, 1403.

Himno para las fiestas de la dedicación de una Iglesia. La Iglesia es como una gran ciudad que queremos construir entre todos, pero cuya base es Cristo: «Sobre el cimiento de tu cuerpo, levantaremos la ciudad». En ella caben todos, nadie esta rechazado: «Una ciudad para todos. Un gran techo común». Pero todos juntos participando de «Una esperanza: «Ven, Señor Jesús».

Nos dijeron de noche

Nos dijeron de noche
que estabas muerto,
y la fe estuvo en vela junto a tu cuerpo.

La noche entera
la pasamos queriendo
mover la piedra.

Con la vuelta del sol
volverá a ver la tierra
la gloria del Señor.

No supieron contarlo
los centinelas:
nadie supo la hora
ni la manera.

Antes del día
se cubrieron de gloria
tus cinco heridas.
Con la vuelta del sol
volverá a ver la tierra
la gloria del Señor.

Si los cinco sentidos
buscan el sueño
que la fe tenga el suyo
vivo y despierto.

La fe velando
para verte de noche
resucitando.

Con la vuelta del sol
volverá a ver la tierra
la gloria del Señor.

Ordinario, domingo II, II vísperas, III, 732; IV, 664.

Himno para las vísperas del domingo. Frente a la noche
que se avecina con su oscuridad, la fe en la resurrección del
Señor nos asegura que «la fe velando para verte de noche
resucitando». Y es esa fe la que nos acompañará durante el
sueño de la noche con la seguridad de que en el siguiente
día «con la vuelta del sol, volverá a ver la tierra la gloria
del Señor».

«No; yo no dejo la tierra»

«No; yo no dejo la tierra.
No; yo no olvido a los hombres.
Aquí, yo he dejado la guerra;
arriba están vuestros nombres».

¿Qué hacéis mirando al cielo
varones, sin alegría?
Lo que ahora parece un vuelo
ya es vuelta y es cercanía.

El gozo es mi testigo.
La paz, mi presencia viva,
que, al irme, se va conmigo
la cautividad cautiva.

El cielo ha comenzado.
Vosotros sois mi cosecha.
El Padre ya os ha sentado
conmigo, a su derecha.

Partid frente a la aurora,
salvad a todo el que crea.
Vosotros marcáis mi hora.
Comienza vuestra tarea.

Ascensión del Señor – laudes, II, 804.

Himno para los laudes de la fiesta de la Ascensión del Señor. La subida al cielo del Señor no nos deja solos, no hay, por lo tanto, lugar para la tristeza. «¿Qué hacéis mirando al cielo varones, sin alegría?». La fe nos asegura ya que se cumple la promesa de Jesús, de que «el Padre ya os ha sentado conmigo, a su derecha».

Ofrezcan los cristianos

Ofrezcan los cristianos
ofrendas de alabanza
a gloria de la Víctima
propicia de la Pascua.

Cordero sin pecado
que a las ovejas salva,
a Dios y a los culpables
unió con nueva alianza.

Lucharon vida y muerte
en singular batalla,
y muerto el que es la Vida,
triunfante se levanta.

«¿Qué has visto de camino,
María, en la mañana?».
«A mi Señor glorioso,
la tumba abandonada,

los ángeles testigos
sudarios y mortaja.

¡Resucitó de veras
mi amor y mi esperanza!

Venid a Galilea,
allí el Señor aguarda
allí veréis los suyos
la gloria de la Pascua».

Primicia de los muertos
sabemos por tu gracia
que estás resucitado;
la muerte en ti no manda.

Rey vencedor, apiádate
de la miseria humana
y da a tu fieles parte
en tu victoria santa.

Domingo de Pascua – laudes, II, 439; tiempo pascual, laudes, II, 458. Traducción de Victimae paschalis laudes.

Himno para los laudes del domingo de Pascua y de ferias del tiempo de Pascua. Con su muerte Cristo, «a Dios y a los culpables unió con nueva alianza», y en su resurrección, «muerto el que es la Vida, triunfante se levanta». Como María Magdalena también nosotros podemos exclamar: «¡Resucitó de veras mi amor y mi esperanza!». Sabemos así que podemos decirle a Jesús que sabemos «que estás resucitado; la muerte en ti no manda».

¡Oh cruz fiel, árbol único en nobleza! (A)

¡Oh cruz fiel, árbol único en nobleza!
Jamás el bosque dio mejor tributo
en hoja, en flor y en fruto.
¡Dulces clavos! ¡Dulce árbol donde la vida empieza
con un peso tan dulce en su corteza.

Cantemos la nobleza de esta guerra,
el triunfo de la sangre y del madero;
y un redentor, que, en trance de Cordero,
sacrificado en cruz, salvó la tierra.

Dolido mi Señor por el fracaso
de Adán, que mordió muerte en la manzana,
otro árbol señaló, de flor humana,
que reparase el daño paso a paso.

Y así dijo el Señor: «¡Vuelva la Vida,
y que el Amor redima la condena!».
La gracia está en el fondo de la pena,
y la salud naciendo de la herida.

¡Oh plenitud del tiempo consumado!
Del seno de Dios Padre en que vivía,
ved la Palabra entrando por María
en el misterio mismo del pecado.

¿Quién vio en más estrechez gloria más plena,
y a Dios como el menor de los humanos?
Llorando en el pesebre, pies y manos
le faja una doncella nazarena.

En plenitud de vida y de sendero,
dio el paso hacia la muerte porque él quiso.
Mirad de par en par el paraíso
abierto por la fuerza de un Cordero.

Al Dios de los designios de la historia,
que es Padre, Hijo y Espíritu, alabanza:
al que en la cruz devuelve la esperanza
de toda salvación, honor y gloria.

*Semana Santa, oficio de lectura, II, 340; Viernes Santo, II.
395. Exaltación de la Santa Cruz – oficio de lectura IV,
1171. Traducción de* Crux fidelis.

Himno para el oficio de lectura de la Semana Santa, en especial el Viernes Santo y la fiesta de la Exaltación de la Santa Cruz. Se centra en el misterio de la muerte de Cristo en la cruz que es así el «dulce árbol donde la vida empieza con un peso tan dulce en su corteza». La historia de pecado se remonta al «de Adán que mordió muerte en la manzana». Para terminar con la salvación por Cristo, «que en la cruz devuelve la esperanza de toda salvación, honor y gloria».

¡Oh cruz fiel,
árbol único en nobleza! (B)

¡Oh cruz fiel, árbol único en nobleza!
Jamás el bosque dio mejor tributo
en hoja, en flor y en fruto.
¡Dulces clavos! ¡Dulce árbol donde la vida empieza
con un peso tan dulce en su corteza.

Vinagre y sed la boca, penas gime,
y al golpe de los clavos y la lanza,
un mar de sangre fluye, inunda, avanza
por tierra, mar y cielo y los redime.

Ablándate, madero, tronco abrupto
de duro corazón y fibra inerte;
doblégate a este peso y esta muerte;
que cuelga de tus ramas como un fruto.

Tú solo entre los árboles, crecido
para tender a Cristo en tu regazo;
tú, el arca que nos salva; tú, el abrazo
de Dios con los verdugos del Ungido.

Al Dios de los designios de la historia,
que es Padre, Hijo y Espíritu, alabanza
al que en la cruz devuelve la esperanza
de toda salvación, honor y gloria.

*Semana Santa, laudes, II, 341. Exaltación de la Santa
Cruz – laudes; IV, 1178.*

Himno para los laudes de la Semana Santa y la fiesta de la
Exaltación de la Santa Cruz. Segunda parte del himno anterior centrado en Cristo en la cruz donde «un mar de sangre
fluye, inunda, avanza por tierra, mar y cielo y los redime».
Para terminar con Cristo, «al que en la cruz devuelve la
esperanza de toda salvación, honor y gloria».

Omnipotente, altísimo, bondadoso Señor

Omnipotente, altísimo, bondadoso Señor,
tuyas son la alabanza, la gloria y el honor
tan solo tú eres digno de toda bendición,
y nunca es digno el hombre de hacer de ti mención.

Loado seas por toda criatura, mi Señor,
y en especial loado por el hermano sol,
que alumbra, y abre el día y es bello en su esplendor,
y lleva por los cielos noticia de su autor.

Y por la hermana luna, de blanca luz menor,
y las estrellas claras, que tu poder creó,
tan limpias, tan hermosas, tan vivas como son,
y brillan en los cielos: ¡loado mi Señor!

Y por la hermana agua, preciosa en su candor,
que es útil casta, humilde: ¡loado, mi Señor!
Por el hermano fuego, que alumbra al irse el sol.
y es fuerte, hermoso, alegre; ¡loado mi Señor!

Y por la hermana tierra, que es toda bendición,
la hermana madre tierra, que da en toda ocasión
las hierbas y los frutos y flores de color,
y nos sustenta y rige: ¡loado mi Señor!

Y por los que perdonan y aguantan por tu amor
los males corporales y la tribulación:
¡felices los que sufren en paz con el dolor,
porque les llega el tiempo de la consolación!

Y por la hermana muerte: ¡loado mi Señor!
Ningún viviente escapa de su persecución;
¡ay si en pecado grave sorprende al pecador!
¡Dichosos los que cumplen la voluntad de Dios!

¡No probarán la muerte de la condenación!
Servidle con ternura y humilde corazón.
Agradeced sus dones, cantad su creación.
Las criaturas todas, load a mi Señor.

*Miércoles IV – laudes, III, 1036; IV, 968; san Francisco
de Asís – laudes, IV, 1247. Traducción de* Laudato si o mi
Signore *de san Francisco de Asís.*

Himno para los laudes de la fiesta de san Francisco de Asís.
Es una traducción del conocido himno del mismo san Francisco. Una alabanza a Dios por todas sus criaturas, «loado
seas por toda criatura, mi Señor, y en especial loado por
el hermano sol» y por «la hermana madre tierra, que da
en toda ocasión las hierbas y los frutos y flores de color».
A los hombres nos toca: «Servidle con ternura y humilde
corazón. Agradeced sus dones, cantad su creación».

Porque fue varón justo (A)

Porque fue varón justo
le amó el Señor,
y dio el ciento por uno
su labor.

El alba mensajera
del sol de alegre brillo
conoce ese martillo
que suena en la madera.
La mano carpintera
madruga a su quehacer,
y hay gracia antes que sol en el taller.

Cabeza de tu casa,
del que el Señor se fía
por la carpintería la Gloria entera pasa.
Tu mano se acompasa
con Dios en la labor,
y alargas tú la mano del Señor.

Y pues el mundo entero
te mira y se pregunta,

di tú como se junta
ser santo y carpintero,
la gloria y un madero,
la gracia y el afán,
tener propicio a Dios y escaso el pan.

*San José, laudes, II, 1420; san José obrero, laudes, II,
1497.*

Himno para los laudes de las fiestas de san José. San José
es el «varón justo al que amó el Señor y dio el ciento por
uno su labor». Él es, además «cabeza de tu casa, del que
el Señor se fía». Tenemos nosotros también que aprender
en nuestra vida de trabajo como San José, «a ser santo y
carpintero, la gloria y un madero, la gracia y el afán, tener
propicio a Dios y escaso el pan».

Porque fue varón justo (B)

Porque fue varón justo
le amó el Señor,
y le dio el ciento por uno
su labor.

Humilde magisterio
bajo el que Dios aprende;
que diga si lo entiende
quien sepa de misterio.
Si Dios en cautiverio
se queda en aprendiz,
aprenda aquí la Casa de David.

Sencillo, sin historia
de espalda a los laureles,
escalas los niveles
más altos de la gloria.

¡Qué asombro, hacer memoria
y hallarle a tu ascensión
tu hogar, tu oficio y Dios como razón!

Y pues el mundo entero
te mira y se pregunta,
di tú como se junta
ser santo y carpintero,
la gloria y un madero,
la gracia y el afán,
tener propicio a Dios y escaso el pan.

*San José, I vísperas; II, 1414; san José obrero, vísperas,
II, 1499.*

Himno para las vísperas de las fiestas de san José. Con-
tinuación del himno anterior. San José es «sencillo, sin
historia de espalda a los laureles, escalas los niveles más
altos de la gloria». Así se nos le ofrece como ejemplo y
tenemos nosotros que aprender de él, «ser santo y carpintero la gloria y un madero, la gracia y el afán, tener
propicio a Dios y escaso el pan».

Quédate con nosotros

Quédate con nosotros
la tarde está cayendo.

¿Cómo te encontraremos
al declinar el día,
si tu camino no es nuestro camino?
Detente con nosotros;
la mesa está servida,
caliente el pan y envejecido el vino.

¿Cómo sabremos que eres
un hombre entre los hombres,
si no compartes nuestra mesa humilde?
Repártenos tu cuerpo
y el gozo irá alejando
la oscuridad que pesa sobre el hombre.

Vimos romper el día
sobre tu hermoso rostro
y al sol abrirse paso por tu frente.
Que el viento de la noche
no apague el fuego vivo
que nos dejó tu paso en la mañana.

Arroja en nuestras manos
tendidas en tu busca,
las ascuas encendidas del Espíritu
y limpia, en lo más hondo
del corazón del hombre
tu imagen empeñada por la culpa.

Tiempo pascual, II, 454. Domingo I, II vísperas, III, 606;
IV, 538. Inspirado en Regardez où nous risquon d'aller, *de*
D. Rimaud

Himno para las vísperas del tiempo de Pascua. Al terminar
el día nos cuesta encontrar al Señor y nos preguntamos:
«¿Cómo te encontraremos al declinar el día, si tu camino
no es nuestro camino?». Ante la noche cercana le pedimos:
«Que el viento de la noche no apague el fuego vivo, que
nos dejó tu paso en la mañana» y por fin: «Arroja en nuestras manos, tendidas en tu busca, las ascuas encendidas del
Espíritu».

Que la lengua humana

Que la lengua humana
cante este misterio
la preciosa sangre
y el precioso cuerpo
quién nació de Virgen
Rey del universo
por salvar al mundo
dio su sangre en precio.

Se entregó a nosotros
se nos dio naciendo
de una casta Virgen;
y, acabado el tiempo,
tras haber sembrado
la palabra al pueblo,
coronó su obra
con prodigio excelso.

Fue en la última cena
–ágape fraterno–,
tras comer la Pascua
según mandamiento,

con sus propias manos
repartió su cuerpo,
lo entregó a los Doce
para su alimento.

La Palabra es carne
y hace carne y cuerpo
con palabra suya
lo que fue pan nuestro.
Hace sangre el vino,
y, aunque no entendemos,
basta fe, si existe
corazón sincero.

Adorad postrados
este sacramento.
Cesa el viejo rito;
se establece el nuevo.
Dudan los sentidos
y el entendimiento:
que la fe lo supla
con asentimiento.

Himnos de alabanza
bendición y obsequio
por igual la gloria
y el poder y el reino
al eterno Padre
con el Hijo eterno
y el divino Espíritu
que procede de ellos.

Cuerpo y Sangre de Cristo – I vísperas – III, 513. Traducción de Pange lingua gloriosi *de santo Tomás de Aquino.*

Himno para las vísperas de la fiesta del Cuerpo de Cristo. El conocido himno latino *Pange lingua* en el que empezamos pidiendo «que la lengua humana cante este misterio, la preciosa sangre y el precioso cuerpo». Recordamos la instauración de la Eucaristía: «Fue en le última cena –ágape fraterno– tras comer la Pascua según mandamiento, con sus propias manos, repartió su cuerpo». A nosotros solo nos queda: «Adorad postrados este sacramento».

¿Qué ves en la noche?

¿Qué ves en la noche,
dinos, centinela?

Dios como un almendro
con la flor despierta;
Dios que nuca duerme
busca a quien no duerma
y entre las diez vírgenes
solo hay cinco en vela.

Gallos vigilantes
que la noche alertan.
Quien negó tres veces
otras tres confiesa
y pregona el llanto
lo que el miedo niega.

Muerto le bajaban
a la tumba nueva.
Nunca tan adentro
tuvo al sol la tierra.
Daba el monte gritos
piedra contra piedra.

Vi los cielos nuevos
y la tierra nueva.
Cristo entre lo vivos
y la muerte muerta;
Dios en las criaturas
¡y eran todas buenas!

Tiempo pascual, II, 455. Domingo III, II vísperas; III, 861; IV, 793.

Himno para las vísperas del tiempo pascual y de los domingos del año. Nos recuerda en el atardecer estar alertas, ya que, en la parábola, «entre las diez vírgenes solo hay cinco en vela» y como san Pedro «quién negó tres veces, otras tres confiesa». Con esperanza esperamos el nuevo día: «Vi los cielos nuevos y la tierra nueva» y «Dios en las criaturas, ¡y eran todas buenas!».

Quien entrega su vida por amor

«Quien entrega su vida por amor
la gana para siempre»,
dice el Señor.

Aquí el bautismo proclama
su voz de gloria y de muerte.
Aquí la unción se hace fuerte
contra el cuchillo y la llama.
Mirad como se derrama
mi sangre por cada herida.
Si Cristo fue mi comida
dejadme ser pan y vino
en el lagar y el molino
donde me arrancan la vida.

Un mártir – laudes, I. 1180; II, 1695; III, 1548; IV, 1516.

Himno para los laudes en la fiesta de un mártir. Conmemorando la memoria de un mártir que mejor comienzo que: «Quien entrega su vida por amor, la gana para siempre». Ante los sufrimientos del martirio recordar que «Aquí la unción se hace fuerte, contra el cuchillo y la llama» y escuchar al mártir lo que él mismo nos dice: «Dejadme ser pan y vino en el lagar y el molino, donde me arrancan la vida».

¿Quién es este que viene?

¿Quién es este que viene
recién atardecido,
cubierto con su sangre
como varón que pisa los racimos?

Este es Cristo el Señor,
convocado a la muerte,
glorificado en la resurrección.

¿Quién es este que vuelve,
glorioso y malherido,
y, a precio de su muerte,
compra la paz y libra a los cautivos?

Este es Cristo el Señor,
convocado a la muerte,
glorificado en la resurrección.

Se durmió con los muertos,
y reina entre los vivos;
no le venció la fosa
porque el Señor sostuvo a su Elegido.

Este es Cristo el Señor,
convocado a la muerte,
glorificado en la resurrección.

Anunciad a los pueblos
qué habéis visto y oído;
aclamad al que viene
como la paz, bajo un clamor de olivos.

Cuaresma y domingo de Ramos, I vísperas, II, 345. Viernes III, vísperas, III, 954; IV, 886. Ordinario – hora intermedia IV, I, 505.

Himno para las vísperas de Cuaresma y domingo de Ramos. En él se une la entrada de Jesús en Jerusalén el domingo de Ramos con su resurrección: «Este es Cristo el Señor, convocado a la muerte, glorificado en la resurrección». A nosotros con su muerte nos ha dado la vida: «A precio de su muerte, compra la paz y libra a los cautivos». Nosotros nos hacemos eco de su venida: «Aclamad al que viene como la paz, bajo un clamor de olivos».

Se cubrieron de luto los montes

Se cubrieron de luto los montes
a la hora de nona.
El Señor rasgó el velo del templo
a la hora de nona.
Dieron gritos las piedras en duelo
a la hora de nona.
Y Jesús inclinó la cabeza
a la hora de nona.

Hora de gracia
en que Dios da su paz a la tierra
por la sangre de Cristo.

Levantaron sus ojos los pueblos
a la hora de nona.
Contemplaron al que traspasaron
a la hora de nona.
Del costado manó sangre y agua
a la hora de nona.

Quien lo vio es el que da testimonio
a la hora de nona.

Hora de gracia
en que Dios da su paz a la tierra
por la sangre de Cristo.

Ordinario hora intermedia – nona I, 576; II, 912; III, 573.
Viernes II, hora intermedia, III, 822; IV, 754. Viernes IV –
hora intermedia, III, 1078; IV, 1010.

Himno para la hora nona de la hora intermedia del tiempo
ordinario. La hora nona al final de la tarde es el momento de la muerte de Jesús: «Y Jesús inclinó la cabeza a la
hora de nona». Esa es también para nosotros una hora especial, «hora de gracia en que Dios da su paz a la tierra por
la sangre de Cristo».

Señor de nuestras horas, Origen, Padre, Dueño

Señor de nuestras horas, Origen, Padre, Dueño,
que, con el sueño, alivias y en la entrega de un sueño,
tu escala tiendes a Jacob.

Al filo de los gallos, en guardia labradora,
despiertan en los montes los fuegos de la aurora,
y de tus manos sube el sol.

Incendia el cielo en sombras el astro matutino,
y el que pecó en tinieblas recobra su camino
en la inocencia de la luz.

Convoca brazo y remo la voz de la marea,
y llora Pedro, el duro patrón de Galilea,
cimiento y roca de Jesús.

El gallo nos increpa; su canto al sol dispara,
desvela al soñoliento, y al que pecó lo encara
con el fulgor de la verdad.

A su gozosa alerta, la vida se hace fuerte,
renace la esperanza, da un paso atrás la muerte,
y el mundo a pan y hogar.

Del seno de la tierra, convocas a tu Ungido,
y el universo entero, recién amanecido
encuentra en Cristo su esplendor.

Él es la piedra viva donde se asienta el mundo,
la imagen que lo ordena, su impulso más profundo
hacia la nueva creación.

Por él, en cuya sangre se lavan los pecados,
estamos a tus ojos recién resucitados
y plenos en su plenitud.

Y, con el gozo nuevo de la criatura nueva,
al par que el sol naciente, nuestra oración se eleva
en nombre del Señor Jesús.

Martes IV – laudes, III, 1019; IV, 951. Traducción de Aeternae rerum Conditor, *de san Ambrosio.*

Himno para los laudes del tiempo ordinario. Al comienzo del día empezamos nuestra oración cuando «despiertan en los montes los fuegos de la aurora, y de tus manos sube el sol». Nosotros también nos despertamos y abandonamos el sueño que «desvela al soñoliento, y al que pecó lo encara con el fulgor de la verdad». Así comienza nuestra oración de la mañana, «al par que el sol naciente, nuestra oración se eleva en nombre del Señor Jesús».

Te damos gracias, Señor

Te damos gracias, Señor
porque has depuesto la ira
y has detenido ante el pueblo
la mano que lo castiga.

Tú eres el Dios que nos salva
la luz que nos ilumina,
la mano que nos sostiene
y el techo que nos cobija.

Y sacaremos con gozo
del manantial de la Vida
las aguas que dan al hombre
la fuerza que resucita.

Entonces proclamaremos:
«¡Cantadle con alegría!
¡El nombre de Dios es grande,
su caridad, infinita!

¡Que alabe al Señor la tierra!
contadle sus maravillas.

¡Qué grande, en medio del pueblo,
el Dios que nos justifica!

Cuaresma hasta semana V, vísperas, II, 33; viernes IV – vísperas, III, 1082; IV, 1014; témporas de acción de gracias – vísperas, IV, 1258.

Himno para las vísperas de Cuaresma. Himno de acción de gracias a Dios, «porque has depuesto la ira y has detenido ante el pueblo la mano que lo castiga». Él es «la luz que nos ilumina, la mano que nos sostiene». Por eso, podemos seguir el aviso: «¡Que alabe al Señor la tierra!, contadle sus maravillas!».

Te está cantando el martillo

Te está cantando el martillo
y rueda en tu honor la rueda.
Puede que la luz no pueda
librar del humo su brillo.
¡Qué sudoroso y sencillo
te pones a mediodía,
Dios de esta dura porfía de estar sin pausa creando
y verte necesitando
del hombre más cada día!

Quien diga que Dios ha muerto
que salga a la luz y vea
si el mundo es o no tarea
de un Dios que sigue despierto.
Ya no es su sitio el desierto
ni en la montaña se esconde;
decid, si preguntan dónde,
que Dios está –sin mortaja–
en donde un hombre trabaja
y un corazón le responde.

Ordinario hora intermedia – sexta, I, 573; II, 908; III, 571; IV, 503; miércoles II – hora intermedia, III, 784; IV, 716. Miércoles IV – hora intermedia, III, 1042; IV, 974.

Himno para la hora intermedia del tiempo ordinario. Con él ofrecemos a Dios nuestro trabajo, «Te está cantando el martillo y rueda en tu honor la rueda». En él está presente Dios mismo y con él colaboramos, «Dios de esta dura porfía de estar sin pausa creando y verte necesitando, del hombre más cada día». Así le podemos encontrar siempre, «en donde un hombre trabaja y un corazón le responde».

Tu poder multiplica

Tu poder multiplica
la eficacia del hombre,
y crece cada día entre sus manos
la obra de tus manos.

Nos señalaste un trozo de la viña
y nos dijiste: «Venid y trabajad».

Nos mostraste una mesa vacía
y nos dijiste: «Llenadla de pan».

Nos presentaste un campo de batalla
y nos dijiste: «Construid la paz».

Nos sacaste al desierto con el alba
y nos dijiste: «Es tiempo de crear».

Escucha a mediodía el rumor del trabajo
con que el hombre se afana en tu heredad.

Ordinario hora intermedia, I, 572; II, 907; III, 570; IV, 502. Martes II – hora intermedia, III, 765; IV, 697. Martes IV – hora intermedia, III, 1025; IV, 957.

Himno para la hora intermedia del tiempo ordinario. Para el hombre es el tiempo del trabajo, que reconocemos que Dios mismo nos ha encomendado: «Nos señalaste un trozo de la viña y nos dijiste: «Venid y trabajad». Así podemos también nosotros encontrarlo en nuestro trabajo, «Escuchar a mediodía el rumor del trabajo, con que el hombre se afana en tu heredad».

Ven, Espíritu divino

Ven, Espíritu divino,
manda tu luz desde el cielo.
Padre amoroso del pobre;
don de tus dones espléndido;
luz que penetra las almas;
fuente del mayor consuelo.

Ven, dulce huésped del alma,
descanso de nuestro esfuerzo,
tregua en el duro trabajo,
brisa en las horas de fuego,
gozo que enjuga las lágrimas
y reconforta en los duelos.

Entra hasta el fondo del alma,
divina luz, y enriquécenos.
Mira el vacío del hombre,
si tú le faltas por dentro;
mira el poder del pecado,
cuando no envías tu aliento.

Riega la tierra en sequía,
sana el corazón enfermo,
lava las manchas, infunde
calor de vida en el hielo,
doma el espíritu indómito,
guía al que tuerce es sendero.

Reparte tus siete dones,
según la fe de tus siervos;
por tu bondad y tu gracia,
dale al esfuerzo su mérito;
salva al que busca salvarse
y danos tu gozo eterno.

Tiempo pascual después de Ascensión – vísperas, II, 815.
Pentecostés – vísperas, II, 863. Traducción de Veni, Sancte
Spiritus.

Himno para las vísperas del tiempo de Pascua y de Pentecostés. Pedimos la venida del Espíritu que llene nuestra
vida: «Entra hasta el fondo del alma, divina luz, y enriquécenos». Sin él no podemos nada: «Mira el vacío del
hombre, si tú le faltas por dentro» y le pedimos: «Reparte
tus siete dones, según la fe de tus siervos».

Y dijo el Señor Dios
en el principio

Y dijo el Señor Dios en el principio:
«¡Que sea la luz!». Y fue la luz primera.

Y vio el Señor
que las cosas eran buenas.
¡Aleluya!

Y dijo Dios: «¡Que exista el firmamento!».
Y el cielo abrió su bóveda perfecta.

Y vio el Señor
que las cosas eran buenas.
¡Aleluya!

Y dijo Dios: «¡Que existan los océanos,
y emerjan los cimientos de la tierra!».

Y vio el Señor
que las cosas eran buenas.
¡Aleluya!

Y dijo Dios: «¡Que brote hierba verde,
y el campo dé semillas y cosechas!».

Y vio el Señor
que las cosas eran buenas.
¡Aleluya!

Y dijo Dios: «¡Que el cielo se ilumine,
y nazca el sol, la luna y las estrellas!».

Y vio el Señor
que las cosas eran buenas.
¡Aleluya!

Y dijo Dios: «¡Que bulla el mar de peces
de pájaros, el aire del planeta!».

Y vio el Señor
que las cosas eran buenas.
¡Aleluya!

Y dijo Dios: «¡Hagamos hoy al hombre,
a semejanza nuestra, a imagen nuestra!».

Y vio el Señor
que las cosas eran buenas.
¡Aleluya!

Y descansó el Señor el día séptimo
y el hombre continúa su tarea.

Y vio el Señor
que las cosas eran buenas.
¡Aleluya!

Lunes IV – vísperas, III, 1009; IV, 941.

Himno para las vísperas del tiempo ordinario. En nuestro trabajo recordamos la acción creadora de Dios que hizo todas las cosas: «Y vio el Señor que las cosas eran buenas». Además de las cosas nos hizo a nosotros: «Y dijo Dios: "¡Hagamos hoy al hombre, a semejanza nuestra, a imagen nuestra!"». Con nuestro trabajo continuamos nosotros la obra de Dios: «Y descansó el Señor el día séptimo y el hombre continúa su tarea».

Otras poesías

Añadimos aquí diecinueve poesías que no han sido publicadas hasta ahora y que sirven para darnos una visión más amplia de Blanco Vega como poeta no solo de himnos litúrgicos y temas religiosos. Las once primeras son poesías de distinto tipo, empezando con las tres primeras largas: *Canción del emigrante asturiano*, *Las dos madres* y *San Antonio predica a los peces*. La primera es una bella evocación de su querida patria asturiana, tocando muchos temas propios de la tierra. La poesía *Las dos madres* acompañó a su autor durante toda su vida, con una mirada poética a su madre y a la Virgen. La de san Antonio nos trae una colorida presentación del mar y sus habitantes. En la de *Todo, déjalo todo*, vuelve a estar presente el mar que no puede faltar en un asturiano. Las otras son poesías cortas de distintos temas. Los dos sonetos a la muerte de su padre son una bella meditación sobre la muerte. Siguen seis villancicos de Navidad poco conocidos. Los cuatro primeros, con la palabra *villancico* en su título, son largos y muy originales, por ejemplo, el de los reyes de la baraja. En el tercero

Villancico del mar y el cielo vuelve a estar presente el mar, lo que no es común en los villancicos. En los dos últimos, Belén está presente de una manera especial. Finalmente, se presentan dos canciones cortas, compuestas para ser cantadas.

Canción del emigrante asturiano

Se me van quedando lejos
niebla, orbayo… pomarada…
Pero por llevarme a Asturias
hice un paisaje en el alma
poniendo blando el recuerdo
con la humedad de mis lágrimas.

Aguas de las galerías
de las minas olvidadas
que van taladrando noche
bajo la tierra. Y el agua
llora un reposo infinito
sobre astillitas humanas:
madera de carnes rotas
junto a su pico y su pala
formando una cruz de hierro
con un Cristo hecho del musgo
de la madera estallada.

Y cierro los ojos, madre,
y estás tú dentro del alma,
la vaca pinta y el humo

de la casina aldeana,
y hay en ropa perfume
de romero y de manzana
de las manzanas de octubre
maduradas entre el heno
y almidón de ropa blanca.

Y vuelvo a cerrar los ojos
y como me enfila el alma
como una lanza de llanto
la tristeza de la gaita,
esa, la de los domingos
al pie de las estacadas
cuando los mozos en ronda
casi con gestos de danza
estallan la sidra rubia
y el aire claro se cuaja
para no quebrar el chorro
de oro y cristal que lo rasga.

Y la tarde se encendía
sobre los hórreos en calma,
lámparas de pino, inmóviles
como de ermita aldeana
encendidos de *panoyas*
en la paz de la quintana.

Y luego en las noches duras
la luna es de escarcha y sangre,
el salmo de agua humilde velando los castañares.

El agua de las manzanas,
el agua mansa y suave
canción húmeda y doliente
de los altos Cabrales,
la de los Carros-materos,
la del puerto de Pajares.
Tonadas llenas de agua
y andadura de romance
con ese sentir de Asturias,
sentimiento incomparable
que se rompe en la garganta
cuando el cantar de ella sale...
Los castaños, como frailes
con las nieblas por dalmática
suben hacia Covadonga
con salmos de viento y agua
y se paran un momento
cerrando en corro la plaza
que hay romería en el pueblo
y están roncas las campanas
y los *xateros* del puerto
que en buena feria bajaran
se juegan al mejor baile
las rosas y las avellanas
(los pies de los bailadores
se van buscando en la danza
y se encuentran ... y se cruzan
–ligeras tórtolas blancas
que se disputan la tierra
sin atreverse a tocarla–).

Y luego ¡la danza prima!
cuando la luna asturiana,
—concha de un San Juan de ensueño—
bautiza en orbayo el alba.
Y toda Asturias es rueda
y es brazo en unión de danza
que es el mar de Ribadesella
les da a las minas de Sama.
Y funde el Señor —celeste
capataz de la montaña—
plata de estrellas antiguas
en altos hornos de magia.
¡Que quiero que Covadonga
tenga también su Vía Láctea
y que haya caminos con salmos
y cayados y sandalias.
¡Covadonga es una concha
sobre la esclavina verde
de toda Asturias en marcha!

Y en la cueva, la Santina,
a un tiempo perfuma y llama
que el manto le da a la Virgen
forma de pino y campana...

No te entristezcas, Señora,
que el mar me busque y me lleve,
yo iré buscando la nieve
de cada espuma en la aurora
para ir haciéndote altares

por donde el mar me encamina:
voy a ponerte, Santina,
¡pedestal de pleamares!
Y... ¡buena suerte! ... la mía
la tengo por ti segura
que llevas la singladura
trazada en tu piel, María.
Cantando me voy con ella
Del brazo, al mar de Marsella
¡gaitas en Francia aquel día!
Sabiendo, Santa María,
que hay en el cielo una estrella
que a los asturianos guía.

Las dos madres

Una viste de azul... y son azules
sus ojos como el agua.
Otra viste de negro ... y son sufridos
sus ojos como lágrimas.
Una lleva en la frente por corona
doce estrellas de plata.
Otra lleva en la frente por corona
sus arrugas nacientes
y las hebras de nieve de sus canas.
Una lleva los ojos cara al cielo
igual que dos palomas levantadas.
Otra los posa en tierra
para velar el fuego de la casa,
para seguir los pasos de los hijos
y cuidar una tumba que el corazón le guarda.
Donde cada domingo renueva los claveles
los crisantemos y las anchas dalias...
Una tiene las manos sobre el pecho
juntas como dos alas...
limpias como el cogollo de los nardos
con el rocío de la madrugada.

Las manos de la otra no paran ni sosiegan,
son pobres y arrugadas,
planchan la ropa, cosen,
barren, cocinan, lavan...
Solo al llegar la noche –yo lo he visto–
las puntas de sus dedos, grano por grano, hilvanan
con el hilo de las avemarías
el Rosario en el centro de la casa...
Entonces se me juntan las dos madres,
la azul y la enlutada;
una llena de sueño
y otra llena de gracia...
Una, la arrulladora de mi cuna
con su nanita-nana...
Mi madrecita Lola
y mi Inmaculada...
Y al verlas a las dos, pienso que un día
la madre de la tierra que llora y trabaja,
tendrá sobre la frente una corona
como la de mi Santa,
donde serán estrellas y diamantes,
recogidas por Dios, todas sus lágrimas...

San Antonio predica a los peces

Está muy claro el mar y en la ribera
hay un varón sencillo con su sayal
y se ha puesto en silencio la mar entera
y están los peces quietos bajo el cristal;
en bandos de colores están viniendo
porque el varón bendito va a predicar.
Se van acercando
desde los confines
los peces espada,
atunes, delfines
y las caracolas
y estrellas de mar;
qué estrechos parecen
los mares tan anchos
para los besugos
y para los panchos
con sus escamitas
color de coral.
La espuma de plata
viene de puntillas
y las olas rompen
casi de rodillas

y el santo bendito
rezando medita
que es agua bendita
la que hoy tiene el mar.
Alabadme al Señor
porque en los mares
os ha dado en herencia
su inmensidad
y porque os da las perlas
y los corales
y seguís desnuditos
sin vanidad.
Pero hay entre los peces
buenos y malos
igual que entre los hombres
de la ciudad.
Lo mismo en vuestro mar
que en nuestra tierra
el pez más poderoso
traga al más ruin
y movéis en las olas
la misma guerra
que entre pobres y ricos
se mueve aquí;
porque hay entre peces
buenos y malos,
igual que entre los hombres
de la ciudad.
Se van acercando
desde los confines

los peces espada,
atunes, delfines
y las caracolas
y estrellas de mar;
qué estrechos parecen
los mares tan anchos
para los besugos y
para los panchos
con sus escamitas
color de coral.
La espuma de plata
viene de puntillas
y las olas rompen
casi de rodillas
y el santo bendito
rezando medita
que es agua bendita
la que hoy tiene el mar.

No es ya posible arrepentir el paso

¿No es ya posible arrepentir el paso,
tornar de nuevo,
como viajeros que o traspasan el umbral
y nuevamente llaman,
nuevamente encuentran un lecho en la penumbra
y prefieren el sueño al largo viaje?
Extraño juicio ¡morirán de nuevo!
¡Ay! Pero están los otros.
Los muertos profundos,
los mejor acabados,
muertos a quien no llega
ninguna voz, ningún mandato.

Todo, déjalo todo

Todo, déjalo todo,
y anda, entra en el mar,
deja la orilla, deja la arena,
la maravilla está más allá.
Mientras olvidas
que es firme la tierra
y piensas que acaso
lo denso es el mar.

Todo, déjalo todo,
todo, bajo tus pies.
Que hay un camino
que a Dios nos lleva
pero el camino
está sobre el mar.

Todo, todo, todo

¿Dónde estás,
Dios de mi pelea?

¿Dónde estás, Dios de mi pelea?

He combatido contigo
toda la noche y a ciegas,
entre la luz y las sombras
de tu presencia y ausencia.

¿Dónde estás,
Dios de mi pelea,
que en lo más hondo hieres
cuando más te alejas?

Tengo cansadas las manos
de no alcanzarte con ellas,
mientras me duelen las tuyas
donde es mayor la tristeza.

¿Dónde estás…?
Vuelvo después a mis cosas
como si nada ocurriera;

pero me notan que llevo
sangrando la indiferencia.

¿Dónde estás,
Dios de mi pelea
que en lo más hondo hieres
cuando más te alejas?

Niño huérfano en Naín

Si a mí me hubiesen llevado
con ese niño de nieve
no sé si tu mano leve
me habría resucitado.

Tendrías que haber tocado
primero la negra fosa
en que mi madre reposa
para que por mi llorase.

Quizá después me tocase
tu mano maravillosa.

Judas

Treinta monedas, ¿quién puja?
¿Nadie ofrece más? ¡Vendido!
Cuando acabó la subasta
me vi de plata y con frío.
Quise volver a comprarlo
(cosas del corazón mío)
y estaba fuera de precio
desnudo para el castigo.
¿Qué hacer con treinta monedas
si no está en venta el amigo?
Lo que sobró no me daba
para comprar el olvido.

Juan el Bautista

Murió Juan el Bautista
decapitado.
Sus discípulos lo recogieron
en dos pedazos ...
Tardaron más tiempo en recobrar la cabeza
que fue el regalo
para la bailarina de los siete velos
y los site pecados.
Corrió el Jordán con luces cárdenas,
sin aglomeración de bautizados.
Corrió el Jordán con luces cárdenas,
sin aglomeración de bautizados
y no volvió a romperse el cielo
para enseñar al Espíritu Santo.

Sonetos ante la muerte de mi padre

I

De paso por la muerte ¿quién me llora?
Miradme sobrepuesto a mi estar-muerto
entre la vida y yo, Dios y el desierto
despejan plaza al toro de la aurora.
No temáis, es así como se mora
a oleadas como el mar. Aquí termino.
Bajo la tierra, casi al descubierto
por si da vuelta Dios antes de la hora.
De almendro en vela voy, por si da vuelta
mi muerte apenas muerta, por si esbelta
vuelve la flor, la luz, la antigua luna
de nuevo, en un segundo, a ser mi herencia.
Por si es dudar de Dios esa indolencia
de acostarse a morir sin prisa alguna.

II

De vida a muerte voy, de muerte a vida
anduve y desanduve mi camino;
por dejarse ya; quien fue, quien vino
quiere dormir, cerradme la salida.

Mortal me acuso y muero de esta herida
a oleadas como el mar. Aquí termino.
Morir una vez más es el destino
de quien dejó su muerte interrumpida.
A contrasueño entró la Voz, y el Llanto
desmanteló la paz en que dormía,
me entregó pena y nombre en un instante.
Salí gritando al sol. Vi vuestro espanto
Volverse atrás… y supe que tenía
toda la muerte en deuda por delante.

Villancicos

Villancico de la baraja

Tres reyes se han escapado
del juego de la baraja.
En el cielo pintan oros
entre la estrella y el alba
y la brisa arrastra en copas
de olivares y de palmas.

En Belén se está jugando
partida de madrugada.
Ángeles, reyes, pastores,
asisten al palo y cantan.

El Niño, que no se duerme
—le lleva el llanto en volandas—
tiene un as de corazones
que se saca de la manga.

¡Nochebuena! La partida
la tiene el Niño ganada,
todos los triunfos son suyos,
basta mirarle a la cara.

El rey Herodes se muere
de envidia por la baraja
y él, contra cien inocentes,
canta cuarenta en espadas.

Villancico del pino

Fabordón de rompeolas
bajo las voces del pino.
Entre trinares de alondras
y tonadas de los mirlos
se le fue creciendo en copla
la savia en torno a los nidos.
De la alondra atolondrada
le viene ese ritmo arisco
y la gracia enalargada
del negro silbo del mirlo:
trenzando están sus canciones
con la yedra en jeroglífico,
para decirte esta noche
—mirlo, alondra— un villancico.
Cantos del mar y las dunas,
cantos del viento en los picos,
cantos del hacha y la sierra,
cantos de cunas y nichos.
Tantos cantares tejieron
las vetas rubias del pino
que se iba haciendo en las noches
largo amor, largo abrigo,

tierna cuna, fina artesa
para el cuerpo-pan del Niño,
que es el orgullo del bosque
darte el aroma del pino.
Que es nuestro orgullo, Señor,
sin ser más cosa que pino
haberte dado al nacer
la cuna y un beso amigo.

Villancico del mar y el cielo

Villancico de las ropas azules
de todos los niños que no han tenido
nunca ropas azules.
De todos los niños que antes de nacer
se disolvieron como espesa esperanza
entre la sangre y el dolor
y las ropas azules quedaron inservibles
esperando otra esperanza
en la sala de espera del amor.
Y a lo mejor, era un amor sin esperanza.
O era la esperanza tan fuerte
que arrancó de la plegaria y del amor
un nuevo mar azul en que nacer,
un nuevo cielo azul hacia el que sonreír.
Y agujas transparentes blancas
como filos de olas en la playa
con destellos de estrellas.
Aquí un cuerpo en la noche,
un cuerpo secreto y caliente
un cuerpo que soñaba, y soñaba y soñaba…
Los mares azules del cielo y del océano
esperaron al niño al nacer

y cantaron coplas de Chipre
y de Cuba
y de las Molucas
y de Filipinas,
de Inglaterra
y de Madagascar,
de todas las islas,
pequeñas o grandes
que están como recién nacidas
acunadas perpetuamente en ondas de mar.
Y también entonaron sus aladas melodías
esas aves marinas de los mares al revés,
esas aves que llaman desde la tierra lejana
Casiopea y Aldebarán,
Venus y Las Cabritillas,
Osa Mayor y Osa Menor...
Canciones océanas del firmamento
mezclaron sus arpegios esta noche,
veinticinco de diciembre,
para decir NAVIDAD, FELIZ NAVIDAD,
al que hizo los mares y los cielos,
y tiene una estrella sobre el portal
y tendió sobre las aguas la niebla como pañales
allá en la primera noche
cuando sucedió como un grito formidable
la primera luz,
y ya siempre habrá luz
y siempre habrá luz,
porque Dios ha tomado el relevo
y ha venido para ser luz.

Para la Luz azul de Dios
una cuna azul de mar y cielo,
una cuna azul de cielo y mar.
Aldebarán, Inglaterra, Japón, Andrómeda
Madagascar y la Polar cantan
un solo villancico azul
entre el azul celeste y el azul del mar.

Villancico de las estrellas

Decidme, estrellas, a quién,
o qué camino alumbráis
o decidme qué esperáis
si ya no vais a Belén.
Una de vosotras vino
a Belén desde la altura.
Hoy de nuevo reina oscura
tiniebla sobre el camino;
si ya no es vuestro destino
alumbrar otro Belén,
decidme, estrellas, a quien,
o qué camino alumbráis,
o decidme qué esperáis,
si ya no vais a Belén.

Belén veinte siglos lejana

Belén, veinte siglos lejana.
Belén, noche buena y mejor alba.
Mi recuerdo es un pastor
que va a Belén y no cansa.
Belén y, al decir Belén,
siento el alma llena de alas.
Alas negras de los mirlos,
alas de palomas blancas;
caminito de Belén
todo vuela, todo canta.
La estrella porque es la estrella,
el agua porque es el agua.
Mi recuerdo es un pastor
arrodillado en el alma.
La Virgen y san José
dicen: –Levanta, levanta,
mira nuestro Niño Dios,
bésalo con la mirada.
Perdonad que no lo bese,
temo mancharle la cara.
La Virgen y san José
vuelven a decir: –Levanta,

levanta, y mira que a Dios
nadie puede poner mancha.
Cuando contemplé aquel rostro
se me hizo miel la garganta,
pero no dije ningún ¡Ah!
No pude ni dar las gracias.
Y aquí estoy de vuelta, amigos,
de un Belén que nadie canta.
Adiós Belén, que tuviste
Noche buena y mejor alba.

Navideña

Si vamos todos, tú también,
todos cabemos en Belén.
Si el Niño llora, llora, llora,
ríe y ríe Dios con él.

Dicen que Dios ha nacido,
dicen que en la tierra está
y que esta noche lo ha visto
solo quien supo mirar.

Un pastorcito en la sierra,
un marinero en el mar
y un corazón que tenía
solo buena voluntad.

Cuando llegaron los reyes
les ha dicho san José:
Pasen, señores, y vean,
lo que es un reino y un rey.

Dejen coronas y cetros
dejen orgullo y poder;

solo quien sirve a su pueblo
puede ser rey en Belén.

Alrededor de su cuna
dice una voz popular:
todo lo tuvo en sus manos,
todo lo dio a los demás.

Y entonces no entiendo
lo que aquí suele pasar,
que son los pobres más pobres
en tiempo de Navidad.

Si vamos todos, tú también,
todos cabemos en Belén.
Si el Niño llora, llora, llora,
ríe y ríe Dios con él.

Canciones

Pepito Twist

Oh, Oh, Oh…
Ahí va, qué tío que es Pepito cuando baila Twist;
lo mismo baila un ritmo inglés que uno de París.
Lo baila todo y de este modo
el mundo entero va arrastrando tras de sí…
Oh, Oh, Oh…

Rock de la muerte

No, no,
no me diga, señor cura, qué tengo que hacer;
que la vida a ritmo loco y esto es un placer.
Bailar el rock y beber y cantar,
volverme loco en la barra del bar,
con la muchacha yo reír y tú reír
para después morir, no, no...
No me gusta la palabra
no me gusta no,
no me gusta la palabra
cuando bailo rock...
La mujer pálida me sienta mal a mí.
Me siente mal la muerte
cuando estoy bailando así
¿Morir? No, rock